경인교육대학교 특성화사업단
C-멘토링 총서 5

누구나 알기 쉬운
아동 비만 관리 및 예방법

이승범 · 유생열 공저

MENTORING

학지사

▌ 머리말 ▐

『서경』의 「홍범편」에서는 인간이 누릴 수 있는 다섯 가지의 복(오복)을 언급하였는데, 오복 중 첫째는 수(壽), 둘째는 부(富), 셋째는 강녕(康寧), 넷째는 수호덕(修好德), 다섯째는 고종명(考終命)이라고 하였다. 예나 지금이나 건강하게 오래 사는 것이 모든 사람의 바람이며, 또 그렇게 되었을 때 복을 받았다고 말한다. 인간이 살아가면서 가장 큰 관심거리는 바로 건강이 아닌가 싶다. 세계보건기구(WHO)에서는 건강을 질병의 부재뿐만 아니라 신체적·정신적·사회적 측면에서 완전무결한 상태로 정의함으로써 신체적·정신적·사회적 요인들이 건강의 주요 개념이 되었다. 이러한 건강의 개념이 요즘 웰빙(well-being)이라는 단어로 통일되고 있다.

Well-being은 신체적·정신적·사회적으로 건강한 wellness를 실천하는 삶으로 물질적 가치나 명예보다 몸과 마음이 건강한 삶을 행복의 척도로 삼는 것이다. 이와 같이 건강은 누구에게나 최대의 관심사이며, 특히 부모들에게 자녀의 건강은 그들의 기본적인 의무이자 반드시 도달해야 할 목표다. 따라서 건강은 인간의 삶의 질을 결정하는 중요한 요인이며, 건강한 신체와 정신을 유지한다는 것은 곧 질적으로 건강한 삶의 영위를 위해 필수불가결한 것이 되었다. 그러나 최근에는 영양의 과잉, 운동 부족, 생활양식의 서구화, 불규칙한 생활습관 등으로 성장기 아동의 건강문제가 사회적으로 큰 문제로 대두되고 있다. 특히 소아 비만은 성장기 아동의 건강을 위협하는 가장 큰 걸림돌이 되고 있다.

우리가 흔히 알고 있는 비만(obesity)은 섭취한 열량에서 인체의 정상적인 기능 유지를 위한 기초대사 과정과 함께 신체활동을 통해서 소비하지 못한 잉여 에너지가 체지방의 형태로 과도하게 누적된 상태를 의미한다. 비만은 고지혈증(Hyperlipidemia)과 고인슐린혈증(Hyperinsulinemia), 고혈압(Hypertension)으로 특징되는 대사증후군에 대한 발병률을 증가시키며, 이러한 비만 관련 대사증후군을 치료하지 않고 장기간 방치할 경우에는 제2형 당뇨병, 고혈압, 심혈관계 질환 등 퇴행성 질환과 같은 이차적인 질환을 야기한다는 데 그 심각성이 있다.

최근 문화관광부(2000)의 국민생활체육활동 참여 실태조사에 의하면, 10대 청소년의 주 2~3회 이상 체육활동 참여율은 약 40%로, 1990년대 중반의 약 50%에 비해 10% 정도 감소하였다. 특히 컴퓨터의 보급과 인터넷 사용이 더욱 증가되어 신체활동 부족으로 인한 청소년의 체력 약화가 과거에 비해 두드러지게 나타났다. 초등학교 시기는 아동기에서 청소년기로 넘어가는 과도기로서 일생을 통하여 심신이 급진적으로 발달하여 체격 및 체력 등의 기초가 완성되는 시기다. 이 시기에 형성된 신체적 특성들은 평생을 살아가는 토대가 되므로 초등학교 시기의 건강 및 체력 상태는 일생을 건강하게 보내는 데 매우 중요하다.

이와 같이 초등학생들의 신체활동 참여는 운동 부족으로 저하된 체력의 회복, 불안감과 긴장의 건전한 해소, 자아실현의 장으로서 그 필요성이 강조되고 있다. 이에 교육부에서 계획한 방과 후 교육활동은 1995년도에 도입된 특기적성교육으로 출발하여, 1996년부터 개인의 소질·적성 및 취미·특기 신장과 사교육비 절감을 목적으로 하는 '방과 후 교육활동'이라는 명칭으로 운영되기 시작하였다. 이후 2005년도에 규정된 '방과 후 학교'는 미래사회의 주도적 역할을 담당할 창의적이고 심신이 건강한 인재 육성을 위해 현행 방과 후 교육활동의 운영관리·지도강사·교육대상·교육비·교육장소·운영시간·프로그램 등을 확대·개방하여 정규 교육과정 이외의 시간에 다양한 형태의 교육 프로그램을 운영하는 교육체계를 의미한다.

또한, 방과 후 학교는 학교급별 특성화 프로그램의 운영이 필수적인데, 초등학교의 경우 교과보다는 인성·창의성 함양을 위한 특기·적성 등 다양한 프로그램을 개발·운영할 것을 적극 권장하며, 중등의 경우 진로/특기·적성/예·체능/문화활동/교과 등 다양한 프로그램을 개설하여 학생 개개인의 소질에 맞는 강좌를 선택할 기회를 부여하고자 한다. 특히, 방과 후 활동 중 예·체능 활동은 신체활동을 통한 기술습득에 주안점을 두어 건강의 증진과 체력을 육성·강화하고, 명랑한 성격과 협동정신을 함양하도록 도와주며, 더 나아가 심신의 조화로운 성장과 발달에 기여할 수 있다.

이상과 같이 방과 후 활동은 정규 수업시간 이외의 활동으로 소외계층이나 특수학급 아동에게 가정에서처럼 정서적 안정감을 제공하고, 생활지도, 특기 적성 지도 등을 위해 꼭 필요하다고 생각된다.

이 책은 크게 다섯 부분으로 구성되어 있는데, 제1장에서는 비만의 체계적인 이해에 대하여 언급하였고, 제2장은 소아 비만의 문제와 요인을, 제3장은 소아 비만의 치료와 관리에 대하여 기술하였다. 제4장은 소아 비만과 관련된 여러 질병을, 제5장은 소아 비만의 예방에 대한 내용으로 마무리하였다.

방과 후 취약계층을 위한 건강증진 프로그램에 대한 내용이 초등학교 아동의 비만문제에 초점을 맞추어 다양하게 제시하였지만 부분적으로 미흡한 점이 없지 않다. 부족하지만 이 책이 예비교사들을 비롯한 학교 현장교사와 대학생들에게 비만에 대한 이해를 도와서 유용한 참고자료로 활용되기를 기대한다. 끝으로 이 책은 2008년 수도권 대학 특성화 지원사업의 재원을 받아 출판되었으며, 이 책을 발간하는 데 여러모로 도

와주신 경인교육대학교 특성화사업단과 학지사 관계자 여러분께 감사
드린다.

2009년 2월

저자 이승범 · 유생열

‖ 차례 ‖

제 **1** 장

비만의 체계적 이해

1 비만의 정의

미국 성인의 60% 이상이 과체중이거나 비만이며 만성화되어 있다 (NCHS, 2004). 일반적으로 과체중과 비만의 용어를 혼용하는데, 비만과 과체중은 명확하게 구분할 필요가 있다.

비만이란 우리 몸에서 체지방이 비정상적으로 증가한 것으로, 일반적 으로 체질량지수(BMI)가 30 이상일 때 또는 남성의 체지방이 25% 이상, 여성의 체지방이 30% 이상일 때를 말한다. 과체중은 일반적으로 신체질 량지수(BMI)가 25~30 이하거나 남성의 체지방이 20~25% 이상, 여성의 체지방이 25~30% 이상일 때를 말한다(과체중은 체지방 증가가 원인이 될 수도 있고, 아닐 수도 있다).

과체중과 비만의 주요 관심사는 외모나 외형의 변화뿐 아니라 개인 건 강 상태와 밀접한 관련이 있어 지방의 과도한 축적은 건강에 도움이 되 지 않는다. 비만한 사람들은 대사계, 순환기계, 호흡기계, 골관절계 등에 여러 가지 질병이 발생하기 쉬우며, 심리적으로도 부정적인 영향을 가져 올 수 있다.

 2 비만의 기준 및 판단

체중을 평가하기 위한 방법으로 신장-체중표 또는 신체질량지수법 이 있으며, 일반적으로 신체질량지수법을 사용한다. 신체질량지수(BMI; body mass index)는 신체 밀도와 높은 상관관계를 나타내므로 지방 무게와 제지방 체중의 구성비에 대한 유용한 지표로 체중(kg)을 신장의 제곱(m²)으로 나누어 산출하는 간단한 방법이다. 신체질량지수는 건강이나 영양의 부적절한 요인을 발견하는 데 도움을 준다.

$$BMI = 체중(kg) / 신장(m)^2$$

신체질량지수가 높다고 반드시 체지방이 많다는 것은 아니며, 건강한 사람의 신체질량지수는 18.5~24.9다. 예를 들면, 신장이 160cm이고 몸무게가 65kg인 경우, 신체질량지수는 체중(65) / 신장의 제곱(1.6 × 1.6) = 25.4로 과체중에 해당된다.

〈표 1-1〉 **신체질량지수 수치의 분류**[kg/(m)²]

BMI	분류 기준
18.5 미만	저체중
18.5~24.9	정상
25~29.9	과체중
30 이상	비만

출처: 차연수, 박현, 이경혜, 김연수(2006). 실천을 위한 식생활과 운동. 라이프 사이언스, p. 99.

비만의 기준으로 볼 때, 성인은 신체질량지수 25나 30이라는 기준치를 설정할 수 있지만, 소아나 청소년에게 연령에 따른 공통된 표준치를 설정하는 것은 곤란하다. BMI(신체질량지수)의 값은 신장의 증가에 따라 변동하기 때문에 성장기 소아에게 적용할 때는 세심한 주의가 필요하다. 예를 들면, 학령기 아동의 경우 6세경부터 연령에 따라 신장이 급격하게 증가한다.

만약 어떤 아동의 BMI가 1년 전에 비해 증가하고 있다면 그것이 연령에 따른 것인지, 체중의 증가에 따른 것인지를 판단해야 한다. 소아의 신체질량지수는 연령에 따라 3단계의 변화를 보인다. 유아기에서 1세 이전까지 증가한 신체질량지수는 그 후에 감소하는 경향을 보이며, 4~6세 때 최저치가 된다. 이후 사춘기에 이르기까지 계속 상승하고, 성장이 끝나고 나면 일정한 수준을 유지한다.

⬊ 체지방 측정

　일반적으로 체중은 비슷하게 나가지만 신체 조성은 차이가 날 수 있다. 예를 들어, 운동선수 중에는 신장과 체중만으로는 비만이지만 실제로는 근육이 많고 체지방은 적은 경우를 종종 볼 수 있다. 반대로 일반인 중에 체중은 정상 범위에 있지만 체지방이 많은 경우가 있는데, 이러한 경우에는 건강에 문제가 나타날 수 있다. 따라서 체지방은 비만 치료 목표를 설정하는 데 유용한 지표가 된다. 또 체중에서 지방을 뺀 나머지 부분인 제지방은 신체의 에너지 대사를 결정하므로 매우 중요하게 작용한다.

　체지방을 측정하는 방법으로 피하지방 두께 측정법과 생체 전기저항 분석법이 있다. 피하지방 두께 측정법은 체지방의 절반이 피부 아래에 있으므로 피부 두께를 측정하여 체지방률을 추정한다. 측정 순서가 간단하여 짧은 시간에 여러 명을 측정할 수 있지만 숙련된 기술이 필요한 방법이다. 생체 전기저항 분석법은 인체에 낮은 교류전압을 통과시키면 주파수에 따라 일정한 저항이 발생하는데, 이때 생긴 임피던스가 체성분 구성에 보이는 일정한 연관성을 이용한 방법이다. 이 방법은 비침습적이고 간편성, 경제성 및 정밀도가 뛰어나서 소아에게 적합하다. 그러나 우리 몸에서 직접 지방을 측정하는 것은 아니고 체수분을 측정하여 지방으로 환산하므로, 측정시간에 따라 오차가 생길 수 있다.

생체 전기저항 분석의 측정법

- 전극을 손목과 발목에 붙이고, 적은 양의 전기 자극을 신체로 보낸다.
- 전류는 뼈, 지방 또는 공기 등을 통하여 대부분 수분으로 구성된 신체 부위(혈액, 오줌, 근육)를 통해 보다 쉽게 흐른다.
- 컴퓨터는 신호의 생체 전기저항을 측정하고 신장, 체중, 성별 등과 같은 정보와 조합하여 체지방률을 평가한다.

 비만의 분류

1) 원인에 따른 분류

(1) 단순 비만

특별한 원인이나 질환 없이 주로 과식과 운동 부족으로 발생하는 경우며, 살이 찐 사람 대부분이 단순 비만이다.

(2) 이차성 비만

일반적으로 비만을 유발하는 질환에 의해 이차적으로 발생하는 비만이며, 이차성 비만은 비율은 비만 인구의 1% 미만으로 그 비율이 매우 적다.

2) 지방세포 수와 크기에 따른 분류

(1) 증식형 비만

지방세포는 신체에서 잉여 에너지를 저장하는 기능을 하며, 지방세포는 크기를 바꿀 뿐 아니라 그 수를 늘려나갈 수도 있다. 증식형 비만이란 지방세포의 크기는 정상이지만 지방세포의 수가 증가할 때 나타난다. 태아기의 마지막 2개월, 출생 후 6개월까지의 영아기, 사춘기 전·후에는 지방세포 수가 증가하고, 주로 생후 1년까지 왕성하므로 증식형 비만은 소아기에 흔히 발생한다.

(2) 비대형 비만

지방세포 비대형 비만은 지방세포의 수는 정상에 가까우나, 지방 세포의 크기가 커지면서 생기는 비만이다.

3) 체내 지방조직 분포에 따른 분류

(1) 복부형 비만

상체 부위에 지방이 많은 남성형 비만은 복강 내(내장) 지방 축적이 많다. 남성형 비만은 '사과 모양'이며, 복부나 허리에 지방이 축적된 형태로 영양소를 중성지방으로 분해하고 중성지방을 지방세포에 저장시키는 지단백 지방 분해효소가 복부의 지방 안에서 매우 활성화되어 있기 때문에 발생한다. 남성형 비만인 사람은 여성형 비만인 사람보다 심혈관 질환, 제2형 당뇨병, 고혈압 등의 발병 위험률이 더 높다.

(2) 둔부형 비만

하체 부위에 지방이 많은 여성형 비만은 엉덩이와 대퇴부에 피하지방이 많은 것이 특징이며, 남자보다 여자에게서 흔히 발생한다. 여성형 비만은 '배 모양'이다. 체지방 분포 부위는 대개 생물학적 요인으로 결정되며, 모녀간이나 부자간의 체지방 분포는 비슷하다. 테스토스테론이나 에스트로겐 같은 성호르몬도 체지방 분포에 영향을 미치고, 테스토스테론(남성 호르몬)은 남성형 비만을 초래하며 에스트로겐(여성 호르몬)은 여성형 비만을 초래한다. 폐경 후의 여성은 남성형 비만의 형태로 체지방 분포가 바뀐다.

4 비만의 유병률과 변화

지난 20~30년 사이에 비만은 전 세계적으로 전염병이라 할 정도로 급속히 늘고 있으며, 지금도 증가 추세를 보이고 있다. 이러한 현상은 소아와 청소년에서도 마찬가지다. 미국에서는 비만 유병률이 1980년에 5%에서 1994년에 11%로, 2000년에는 15.5%로 세 배나 증가하였다. 이와 같은 현상은 스페인 · 영국 · 이탈리아 · 호주 · 캐나다 같은 선진국뿐 아니라 개발도상국에서도 마찬가지며, 일본 · 중국 · 대만 같은 아시아 지역에서도 나타난다. 우리나라도 예외는 아니며, 특히 소아 및 청소년의 비만 유병률이 크게 증가하였다.

20세 이상 성인은 4.6%가 저체중, 64.7%가 정상, 27.4%가 과체중, 3.2%가 비만으로 보고되고 있다. 비만의 유병률은 지역별, 학력별, 소득별, 성별, 연령별 등으로 다양한 양상을 보이고 있다. 과체중 이상 비만 유병률은 읍 · 면 지역 거주자에게서 높았고, 중졸의 학력 수준까지는 높아지다가 그 이후 감소하였으며, 월소득이 높을수록 낮아졌다. 성별로는 상반된 양상을 보였는데, 남자는 교육 수준 및 월소득이 높을수록 유병률이 높아진 반면, 여자는 중졸 이하의 교육 수준 및 월소득이 낮을수록 유병률이 높았다.

20세 이상 성인의 30.6%(남 32.4%, 여 29.4%)가 과체중 이상 비만(BMI 25.0)이었으며, 남자가 여자보다 높게 나타났다. 비만 유병률은 연령이 높아짐에 따라 증가하는 경향을 보였으나, 70대 이후에는 크게 감소하였다. 남자의 경우, 과체중 이상의 인구 비율은 40대까지 증가하였다가 감소하였으며, 여자의 경우, 60대까지 과체중 이상의 인구 비율이 증가하였다가 그 후 감소하는 경향을 보이고 있다.

 5 연령대에 따른 비만 양상 및 변화

비만을 연령대로 보면 영아기 비만, 유아기 비만, 학령기 비만, 사춘기 비만, 성인 비만 등 크게 5단계로 구분된다. 이 중에서 소아 비만은 영아기 비만, 유아기 비만, 학령기 비만으로 구분할 수 있으며, 영아기의 비만을 제외한 유아기 이후 각 시기의 비만은 연속적인 것이 특징이다.

1) 영아기(출생 후~2세) 비만

출생 시 체중과 성인 비만의 관련성에 대한 연구를 보면, 출생 시 저체중인 경우와 과체중인 경우 둘 다 성인 비만이 될 위험이 높다. 저체중 태아는 임신 기간 영양 부족 및 흡연, 태반 기능에 장애가 있을 때 높게 나타난다. 반면에 과체중 태아는 임신부가 비만인 경우와 임신성 비만과 관련된 임신성 당뇨병이 동반될 때 증가한다. 출생 시 체중뿐 아니라 성장 속도도 영향을 미칠 수 있다. 출생 시에 저체중이었지만 그 이후에 성장이 빠르면 나이가 들면서 대사증후군을 포함한 만성질병의 발병 위험이 증가한다는 증거들이 제시되고 있다.

영아기에는 모유 영양보다 혼합 영양이나 인공 영양 섭취 시 섭취에너지 과잉을 초래하여 과체중이 되기 쉽다. 유럽과 미국에서는 비만의 가족력이 있는 유아에게는 이유식을 빨리 시작하지 않도록 권유하고 있다. 최근 유아식의 제품화로 반고형식 또는 고형식의 시작 시기가 앞당겨지고 있다는 것이 문제가 되고 있다. 일반적으로 생후 4∼6개월까지는 반고형식을 줄 필요가 없고, 당분이나 염분을 과다 포함한 제품을 사용할 때 주의가 필요하다.

출생 시 체중과 관계없이 영아기의 체중 증가 속도도 중요하다. 같은 연령의 영아에 비하여 체중 증가 속도가 빠르면 학동기, 청소년기, 청년기에 과체중 또는 비만이 발생할 위험이 높다. 그러므로 출생 시 체중이 2.5kg 미만이거나 4.0kg 이상인 신생아, 출생 후 성장 속도가 빠른 영아들은 비만 예방에 특별한 주의를 기울여야 한다.

영아기의 비만은 지방세포의 증식과 함께 학령기 비만이나 성인 비만으로 이어진다고 알려져 왔다. 그러나 일반적으로 1세가 지나서 걷기 시작하면 영아기의 비만은 급속히 완화되는 것을 볼 수 있다. 영아기 비만은 출생에서부터의 기간이 짧기 때문에 유아기 이후에 발생하는 비만보다 유전적 영향을 크게 받는 것으로 생각된다.

여러 연구에서 보면 영아 비만의 원인은 과식보다 활동성의 저하 쪽이 크게 관여하고 있는 것으로 여겨진다. 따라서 이 시기에는 분유의 농도를 낮추거나 이유식을 늦추는 것보다 소비 에너지를 증대시킬 수 있도록 신체활동을 증가시키는 방법이 영아기 비만에 도움이 된다.

2) 유아기(3~5세) 비만

유아기는 영아기와 비교하면 체중의 증가 속도가 빠르지 않다. 일반적으로 유아기에는 1년에 2~2.5kg 정도 체중이 증가하며 체지방의 증가량도 남아와 여아가 비슷한 양상을 보인다. 이 시기에는 체질량지수가 감소하게 되는데, 체질량지수가 43개월 전에 감소하다가 다시 증가하면 체지방 반동이 조기에 시작된 것으로 판단되어 체중 관리가 필요하다. 체지방 반동이 일찍 시작하면 학동기에 비만이 지속될 위험이 높기 때문이다.

아동의 3세 때 생리적 변화와 생활습관이 7세 때 비만과 관련이 있다는 연구를 보면, 7세 아동이 비만해질 위험은 체지방 반동이 일찍 시작하면 15배, 3세 때 텔레비전을 일주일에 8시간 이상 시청하면 1.6배, 3세 때 수면시간이 10.5시간 미만이면 1.5배가 높았다. 연구의 결과에 따르면 이 시기의 고위험군에는 체지방 반동이 일찍 시작된 유아, 텔레비전 시청시간이 긴 유아, 수면시간이 짧은 유아 등이 포함될 수 있다.

유아 비만은 아동과 가족이 비만 치료의 필요성을 느끼지 않는 경우가 많기 때문에 치료 시기를 놓칠 가능성이 높다. 유아 비만이 중요한 이유는 학동기 비만으로 지속될 위험이 높을 뿐 아니라 이 시기에 비만하면 26~41%가 성인 비만으로 이행될 수 있기 때문이다. 또 다른 이유로는 다른 시기보다 비만하더라도 활동량이 많고, 부모의 식사와 활동 조정이 비교적 쉽기 때문에 비만 관리가 더 효과적이라는 점이다. 비만한 유아를 둔 부모에게 행동 수정교육을 실시하면 자녀의 체중 감량에 효과가 있다는 연구결과가 이러한 가능성을 뒷받침한다.

3) 학령기(6~11세) 비만

↘ 초등학생의 비만 유병률

서울 지역 6~11세 초등학생을 대상으로 1998년 발표된 한국 소아 및 청소년 신체 발육 표준치를 기준으로 비만도를 조사한 결과를 보면, 비만 유병률은 1997년 8.4%(남 10.1%, 여 6.4%), 2002년 14.0%(남 17.6%, 여 9.9%)였다.

학령기에 비만하면 사춘기까지 비만이 지속될 위험이 증가할 뿐 아니라 42~63%에서 성인 비만으로 이행할 수 있다. 특히 부모가 비만인 경우에는 학령기 비만도가 심각할수록 비만이 지속될 위험이 높다. 이 시기의 신장과 체지방 변화를 살펴보면 출생에서 9세까지는 남아와 여아의 신장 성장 속도가 유사하지만, 9~14세에는 여아가 남아보다 평균 신장이 크다. 또한, 체지방량의 증가도 여아가 남아보다 많다.

최근의 보건복지부 통계자료에 의하면, 초등학교 고학년부터 중학교 1학년(10~12세) 남학생의 10명 중 1명이 비만아(비만도 20% 이상)라고 한다. 초등학교 아동의 비만율이 증가하는 이유로는 신장의 성장이 연간 약 5cm로 비교적 안정적인 성장기에 있다는 점과 함께 불규칙한 생활양식이 밀접한 관련이 있다. 예를 들면, 탄산음료, 야행성 생활로 인한 늦잠, 편식, 아침을 거르거나 폭식과 같은 불규칙한 식사형태, 패스트푸드나 외식, 텔레비전이나 컴퓨터에 열중하여 활동성이 떨어짐으로써 운동부족이 나타나 비만은 더욱더 심각해질 수 있다.

4) 사춘기 비만

↘ 중 · 고등학생의 비만 유병률

서울 지역 12~17세 중 · 고등학생 4,692명을 대상으로 비만도(1985년 발표된 한국 소아 및 청소년 신체 발육 표준치 기준)를 조사한 결과, 비만 유병률은 1984년 6.2%(남 7.2%, 여 5.1%), 1988년 13.1%(남 17.1%, 여 9.5%)였
다. 1998년 발표된 한국 소아 및 청소년 신체 발육 표준치를 기준으로 12～
17세 비만도를 조사하였을 때, 비만 유병률은 1997년(2,912명) 11.2%(남
10.6%, 여 12.0%), 2002년(4,394명) 15.2%(남 18.1%, 여 11.9%)였다.

청소년기는 신장의 급성장과 함께 2차 성징이 출현하는 시기다. 여아
는 11.5세 때 1년에 8.3cm의 최고 성장 속도를 보이고, 남아는 13.5세 때
1년에 9.5cm의 최고 성장 속도에 도달하게 된다. 또한 여자 청소년은 연
간 1.14kg의 체지방량이 증가하므로 체지방률이 학동기에 비하여 증가
하는 반면에 남자 청소년은 체지방량의 변화가 거의 없기 때문에 체지방
률이 감소한다.

사춘기는 신장이나 체중, 성적 성숙의 면에서 현저한 변화가 있다. 이
시기에는 비만이 심해지는 경우도 많아 성인 비만으로 이어질 가능성이
크다. 사춘기에 비만하면 학동기에 비하여 비만 관련 합병증의 유발률
이 높으며, 성인이 되었을 때 심혈관 질환의 발병 요인이 증가하게 된
다. 또한 정신·심리적인 측면에서도 변화가 나타나고 외모에 대한 관심
이 커지면서 비만이 외관상 바람직하지 않다는 생각이 사춘기에는 특히
강하다.

스트레스가 심한 경우 심리적인 반응 외에도 두통, 어깨 결림, 소화기
질환 등의 부정적인 신체반응이 나타날 수 있다. 스트레스 때문에 식욕
이 저하되기도 하고 때로는 섭취량의 증가나 폭식, 몰래 숨어서 먹는 행
동이 나타나기도 한다. 이러한 행동은 비만의 계기가 되는 동시에 비만
을 가중시키는 역할도 한다.

미국이나 스웨덴 등의 자료를 보면 사춘기 비만은 성인 비만으로 이어
질 뿐만 아니라 생활습관병의 합병이나 사망률에도 밀접한 관계가 있는
것으로 밝혀졌다. 사춘기 비만의 발생을 예방하기 위해서는 유아기부터
비만에 대한 관심을 기울여야 할 것이다.

〈표 1-2〉 소아 비만 지도의 기본 방침

영아기 (0~2세)	우유를 줄이거나 이유식을 늦추는 방법은 좋지 않음. 유전적으로 소비 에너지 저하가 있으므로 신체활동을 증가시켜야 함.		
유아기 (3~5세)	비만 경향아 (비만도 15~19%)	경도 비만 (20~39%)	고도 비만 (40% 이상)
	• 유아기 동안 비만도를 20%까지 유지하도록 지도 • 모자 수첩의 신장별 표준체중 곡선 활용	• 식사 지도와 운동에 대해 개인적인 충고 필요 • 간식 주의, 실외운동의 장려 등 '식사 지도' 실시	소아 비만 치료 전문기관에 상담
학령기 (6~11세)	비만 경향아 (비만도 20~29%)	경도 비만 (30~49%)	고도 비만 (50% 이상)
	• '건강교육'을 통하여 영양, 운동, 휴양의 중요성 교육 • 경도 비만의 유지 (비만도가 올라가지 않도록 주의)	• 비만도를 30% 미만으로 줄이도록 개별 지도 필요 • 학교에서의 통제가 어려울 경우 소아과 비만아 외래 상담	• 소아과 비만아 외래 상담 • 심한 경우 소아과 입원 고려
사춘기 (12세~)	사춘기 비만을 예방하기 위해서는 유아기부터 비만에 대한 관심을 기울여야 함.		

출처: 대한비만학회 소아비만위원회 편(2006). 소아·청소년 비만 관리 지침서. 청운, p. 19.

소아 비만의 요인

1 소아 비만의 문제

비만이란 비정상적으로 신체에 체지방이 축적된 상태로, 이것은 소아 비만에서도 같은 개념으로 쓰인다. 소아 비만도 성인 비만과 같이 건강 장애를 일으키는 원인이 되는데, 특히 비만, 고혈압, 고지혈증, 흡연 등의 위험인자가 복합적으로 상호작용하면, 소아기 때부터 생활습관병의 조기 발생 및 성인의 대사 증후군(metabolic syndrome)과 같은 동맥 경화가 나타난다.

비만 경향 아동이란 실제로 진찰하지 않고 단지 같은 성과 연령의 신장별 평균체중에 비해 체중이 120% 이상인 단순 비만 아동을 말하는데, 이들은 꾸준히 증가 추세를 보이고 있다. 1970~2002년의 약 30년간 성별·연령별 비만 경향 아동은 두세 배로 증가하여, 지금은 학령기 소아의 10명 중 1~2명이 비만아다.

소아 비만은 미국과 세계 전역에서 최근 수십 년 동안 꾸준히 증가하고 있다(Chinn & Rona, 2001; Chunming, 2000; Troiano & Flegal, 1998; World Health Organization 1998). 미국의 연구조사에 의하면 6~11세 아동의 11~22%, 즉 5명 중의 1명이 현재 과체중인 것으로 나타나고 있다(Troiano et al., 1995). 소아 비만은 성인 비만으로 이어져 성인의 생리적, 사회·심리학적 문제로 연결되기 때문에 매우 심각한 문제가 된다. 최근의 연구들은 비만 성인의 24~44%가 소아 비만의 연장임을 보여 주고 있다(Troiano et al., 1995). 즉, 비만 아동은 비만 성인이 될 가능성이 높다(Serdula et al., 1993).

소아 비만은 경제 성장 및 식생활의 서구화 등으로 급속히 증가하고 있다. 1979~1996년 동안 서울시 청소년의 비만 증가율은 초등학생이

6.4배, 중·고등학생이 3배 증가하였다. 남자의 소아 비만율은 17세 때 가장 높았고(27.0%), 연령별로 보면 불규칙적인 양상을 보이지만, 전반적으로 초등학교 입학 이후 급격히 증가하다가 15세를 지나면서 감소하였다. 여자의 소아 비만율은 초등학교 입학 이후 1차 증가 이후에 12세 때 가장 높았고(17.9%), 16세 이후는 높은 수준을 유지하였으며, 특히 19세 때 높게 나타났다(7.0%).

현재 우리나라의 소아 비만 아동은 급격하게 증가하여 14%에 이른다는 보고도 있다. 이러한 비만 증가 추세는 매우 심각한 것으로, 비만 자체보다는 비만으로 인한 합병증 때문에 더 위험할 수 있다. 비만은 고혈압, 당뇨병, 뇌혈관 질환(중풍), 고지혈증, 심장 질환과 같이 혈관에 기름기가 축적되어 발생하는 합병증이 가장 많고, 관절염이나 통풍, 호흡기능 장애, 월경 불순과 같은 질환 및 대장암, 유방암 등 암 발병 빈도도 매우 높다.

2 유전적 요인

일반적으로 부모가 비만하면 자녀도 비만해질 확률이 높다. 그러나 에너지 밀도가 높은 식품을 섭취하면서 비활동적인 생활을 하면 유전적 요인과 상관없이 비만해진다. 유전적 요인과 환경적 요인의 영향을 구별하는 것은 어렵지만, 입양아 연구를 살펴보면 입양한 아이의 체중은 양부모와는 관련성이 낮고, 오히려 친부모와 관련성이 높다는 것을 알 수 있다. 비만 위험도의 50%는 유전적인 영향으로 생각된다. 유전적 요인이 체중에 미치는 영향에 관한 여러 가지 학설이 있지만, 일정체중이론(set point theory)이 가장 널리 받아들여지고 있다.

비만이 유전적 요인에 중요하게 작용한다는 것은 가계와 연관되어 발생한다는 사실을 통하여 알 수 있다. 부모 모두가 비만인 경우에 자녀가 비만일 확률은 80%고, 한쪽 부모가 비만인 경우에 자녀가 비만일 확률은 50%며, 부모가 모두 정상 체중인 경우에 자녀가 비만일 확률은 10% 미만이 된다.

비만의 요인이 선천적인지 아니면 후천적인지는 지금까지도 계속적인 논의가 되고 있다. 1990년 한 연구에서는, 일란성 쌍생아와 이란성 쌍생아가 동거하였을 경우와 별거하였을 경우의 체질량지수(BMI)를 각각 비교하였다. 일란성 쌍생아는 유전적으로 동등하다고 생각되지만 이란성 쌍생아에게는 보통의 형제자매와 같은 정도의 차이가 있다. 연구결과 일란성 쌍생아인 경우는 동거나 별거에 관계없이 BMI가 크게 상관이 있었지만, 이란성 쌍생아의 경우는 보통의 형제자매에게 나타나는 정도의 상관이 있었다. 이것은 소아 비만이 환경 요인보다 오히려 유전 요인의 영향을 강하게 받는다는 것으로 해석할 수 있다.

 ## 3 생활습관적 요인

어릴 때부터 비만이 되지 않도록 하기 위해서는 영양을 고려한 식사 방법, 소비 에너지에 관한 운동, 여가 시간 활용 등의 생활습관이 중요하다. 특히, 식생활 유형과 사회문화적 요소도 비만과 밀접한 관계가 있으며, 유아기에 과다하게 영양이 공급되면 비만 아동이 되기 쉽다. 비만 아동의 80%가 성인 비만이 되며, 이는 정상 체중의 아동 중 20%만이 성인 비만이 되는 것과 뚜렷한 비교가 된다.

유아기부터 학령기까지 부모에게 의존하는 경향이 많고, 부모의 부재는 종종 식생활의 불안정이나 에너지 섭취의 증가를 가져올 가능성이 있으므로 비만의 소인이 있는 아이에게는 주의가 필요하다. 부모가 소아 비만인 자녀를 극단적으로 비난하거나 질책하는 것은 정신적 상황을 악화시켜 비만에 도움이 되지 않을 뿐만 아니라, 비만이 더 진행될 수 있는 가능성을 높인다.

학령기 이후가 되면 생활습관의 변화가 비만을 일으키는 주요 원인이 된다. 활동 범위도 집 밖으로 넓어지지만 생활양식이 흐트러진다는 것이 문제가 된다. 청량음료, 스낵류와 같은 군것질 습관, 야간형 생활로 인한 아침 식사 거르기, 육류 편식, 패스트푸드나 외식, 텔레비전이나 인터넷에 몰입하여 신체활동량이 감소하기 때문에 에너지 섭취와 소비의 불균형이 일어난다.

습관적으로 아침 식사를 거르면 낮부터 밤에 걸친 식사량이 많아져 비만의 원인이 되기도 한다. 도쿄교육연구소(1999)의 연구에서 보면 초등학생 중 4~5%, 중·고교생 중 12~14%가 아침 식사를 거르거나 거의 먹지 않는다고 대답하였다. 아침 식사를 거르는 이유는 '먹을 시간이 없다.' '먹을 생각이 들지 않는다.'라고 대답한 학생이 80%를 차지하였다. 또한 규칙적으로 아침 식사를 한 학생들과 아침 식사를 하지 않은 학생을 비교해 보면 아침 식사를 한 학생들이 학습 능력이나 학업 성취도가 더 높은 것으로 나타났다.

↘ 비만이 되기 쉬운 아이들의 생활 패턴

- **편리해진 생활환경**: 스위치 하나면 해결되는 전자동 가전제품에 어디를 가도 걷지 않게 해 주는 자동차가 있다. 이런 편리한 생활이 에너지 소모량을 줄이고 아이들을 살찌기 쉽게 만든다.
- **놀이터가 없는 환경**: 햇볕에 새까맣게 그을리며 밖에서 뛰놀던 것은 이제는 옛말이 되었다. 현대의 아이들은 밖에서 놀려고 해도 자유롭

게 놀 수 있는 장소가 많지 않기 때문에 마음껏 뛰어놀 수 없는 환경
에 둘러싸여 있다.

• 과식: 요즘은 어른, 아이 할 것 없이 모두 먹는 것을 즐기며, 식탁에
오르는 것은 기름지고 칼로리 높은 음식뿐이고, 풍족한 간식까지 있
다. 게다가 간편하게 이용할 수 있는 외식산업까지 발달해 현대의
아이들은 과식하기 쉬운 식생활환경에 살고 있다.

• 가정환경: 야행성 생활, 불규칙한 식사, 끊임없는 간식, 빨리 먹기 등
의 가정환경 속에서 아이들은 비만의 원인이 되는 나쁜 식습관을 몸
에 익힌다.

 4 신체활동적 요인

비만의 요인은 절대적으로 운동 부족과 같은 신체활동적 요인과 밀접
한 관련이 있다. 일본 학교 보건회의 「2000년도 소아 및 청소년의 건강상
태 감시사업 보고서」에 따르면, 학교에서의 체육, 쉬는 시간의 놀이, 동아
리 활동, 학교 밖에서의 운동이나 경기 등 일주일간 신체활동 총시간 수
를 조사한 결과, 10~12시간 이하인 학생이 초등학교 3·4학년에서 남자
60%, 여자 70%며, 초등학교 5·6학년에서 남자 55%, 여자 70%고, 중학생
에서 남자 50%, 여자 60%며, 고등학생에서 남자 50%, 여자 70%를 차지하
였다.

또한 최근에 학령기의 아이가 운동 부족이 일어나는 큰 이유 중 하나
는 컴퓨터 게임이나 비디오의 발달로 실내놀이 시간 및 앉아 있는 시간
이 많다는 것이다. 한 연구에 의하면 아이들이 텔레비전 시청 시간이 주
당 24시간이 넘는 것으로 나타나고 있다. 텔레비전 시청과 같이 좌식 행

위는 BMI 증가 및 높은 과체중과 관계가 있다(Andersen et al., 1998; Muller, 1999).

사회가 발달함에 따라 거주환경 및 직장생활에서의 기계화, 공공장소의 자동화 설비 증가, TV 등의 매체 보급, 도시화 등이 신체활동량을 급속히 감소시켰다. 비만이 계속되면 학습 및 일상생활의 장애를 겪거나 외상을 입기 쉽다. 예를 들면, 비만이 계속되면 신체의 골절이나 관절 장애, 월경 이상, 체력 및 운동 능력의 저하가 일어날 수 있다.

에너지 균형은 에너지 섭취와 에너지 소비의 관계로 이루어지는데, 비만은 에너지 섭취와 소비의 차이에서 발생하는 것으로 에너지 섭취가 소비보다 많은 경우에 초래된다고 할 수 있다. 최근 비만은 고지방 섭취와 운동량의 저하로 발생하는 경우가 많은데 운동을 하지 않으면 평상시 기초 대사율이 낮아지게 되므로, 식사량이 많지 않더라도 비만해질 위험이 높다.

5 정신·심리적 요인

정신·심리적 요소는 소아 비만의 원인으로서 중요하며, 비만 요소의 규명에서 반드시 고려해야 한다. 학교에서의 문제, 가족관계의 혼란, 각종 스트레스 등은 비만의 원인이 될 수 있다. 즉, 정신적 스트레스를 음식 섭취로 해소하려는 행태가 지속될 경우 불규칙한 식생활이 초래되어 비만을 유발한다. 한편 비만하다는 사실 자체나 주위의 시선을 의식하여 정신적인 스트레스를 받음으로써 비만이 더욱 심해지기도 한다.

비만 아동은 자신의 신체 모습이나 체중에 대하여 조롱을 받으며 (Hayden et al., 1999; Shapiro & Baumeister, 1991), 학교와 사회에서 동료에게 부정적으로 인식되고 있다(Bell & Morgan, 2000). Kessler(1991)는 3~5학년의 아동들이 가장 자주 놀리는 것이 외모(29%)고, 그중에 특히 비만(13%)이라고 지적했다. 과체중 소녀들은 특히 상처 받기 쉬우며, 그들의 체중, 신장, 전체적 외모에 대하여 더욱 민감하다(Rieves & Cash, 1996; Thompson et al., 1995). 조롱은 과체중 아동의 부정적 신체 이미지와 상관관계를 가지고 있다.

비만 아동은 차별이나 치욕을 자주 경험하고(Doetz, 1995), 스스로 치욕, 소외, 거부 등의 심리적 고통을 받는다(Goldfield & Chrisler, 1995). 일반 아동은 비만 아동을 '게으르고, 더럽고, 우둔하고, 잘 속이고, 거짓말쟁이'라고 여기며 비만 아동을 친구로 두고 싶어 하지 않는다(Goldfield & Chrisler, 1995; Staffieri, 1967). 실제로 비만 아동은 일반 아동에 비하여 자신들이 사회적으로 소외되어 있다고 보고하고 있다(Phillips & Hill, 1997).

또한 소아 비만의 원인은 정신·심리적 요인과 깊은 관련성이 있다. 이러한 요인이 비만의 최초 발생 요인은 아니어도 비만을 악화하고 지속시키는 요인이 된다. 즉, 정신적 스트레스 때문에 식사량이 증가하거나 불규칙해지고, 우울한 상태가 되어 운동량이 저하됨으로써 비만이 더욱더 가속화된다. 비만의 발생 및 진행은 그 자체가 정신·심리적으로 영향을 주어 스트레스가 더 심해지고 지속되기도 한다. 불안, 슬픔 등의 스트레스는 정상인의 경우에는 식욕을 억제하는 경우가 있으나, 사람에 따라서는 욕구불만을 섭식행동에 전가함으로써 식욕을 증가시킨다는 연구가 나오고 있다. 그러나 많은 연구들을 살펴보면 비만과 관련된 심리적인 문제는 비만의 원인으로 작용하는 것보다 비만 때문에 발생되는 경우가 더 많다.

↘ 정신·심리적 요인의 예

• **등교 거부 및 결석**: 소아 비만으로 올 수 있는 정신적인 문제점으로 등교 거부를 들 수 있다. 학교생활은 소아의 사회적 생활에서 매우 중요한 위치를 차지한다. 등교가 정상적으로 이루어지지 않으면 불규칙한 식사, 운동량 저하 등 비만을 개선하는 데 바람직하다고 할 수 없다. 가족이나 학교의 문제점이 있으면 이를 조정해야 한다. 종종 소아가 정신적으로 많은 스트레스를 받게 되면 두통, 복통, 발열, 설사 등의 신체 이상 증상이 나타나기도 한다.

• **틱증, 심인성 기침**: 틱증에는 운동성 틱으로 분류되는 안면(눈썹을 찡그린다), 경부(고개를 갸웃한다) 등의 증상이 많다. 가족일 경우에는 버릇의 일종이라고 생각한다. 따라서 주위에서 교정을 하려고 주의를 주면 오히려 악화되는 경우가 많다. 비만인 소아에게도 가끔 틱이나 심인성 기침 등의 증상이 나타난다. 정신적으로 긴장이 높아지고 있는 증거로 보며, 가족의 이해가 꼭 필요하다.

• **탈모증**: 탈모증이란 과도한 긴장이나 자신감 부족 등으로 머리의 일부 또는 전체의 털이 빠지는 증상이다. 통상적으로 머리의 일부지만, 머리 전체의 털이 빠지는 예도 있으며, 거의 모두 정신적 요인으로 발병한다. 간혹 머리 부분의 피부 감염이나 습진, 원형 탈모증 등이 원인이 되기도 한다. 가족이나 학교에서의 문제점을 해결하는 것이 탈모를 예방하는 데 도움이 되는 경우가 많다.

• **야뇨증, 빈뇨, 유뇨증**: 아이들의 경우 10세 무렵까지는 야뇨증이 가끔 관찰된다. 비만한 소아에게도 가끔 나타나지만 기본적으로는 일반적인 야뇨증과 동일하게 대응해도 좋다. 비만의 경우는 2형 당뇨병이 발병하기도 하여, 요당이나 당대사의 점검이 필요하다. 빈뇨도 심인성으로 발생하지만, 요로 감염이나 당뇨병 등 요량이 증가하는 질환이 없는지 확인할 필요가 있다. 낮에도 소변을 가리지 못하는

유뇨증은 대부분 배뇨계의 문제점으로 생기지만, 심리적 원인으로도 나타날 수 있음에 주의해야 한다.

6 생활ㆍ환경적 요인

　서울 지역 초ㆍ중ㆍ고등학생의 체격검사 자료를 이용하여 1979~2002년까지 비만 유병률을 추적한 결과 남아는 아홉 배, 여아는 네 배가 증가하였다. 또한 1990년대 이후 청소년 비만이 급격하게 증가한 것을 알 수 있다. 이와 같은 현상은 생활ㆍ환경적 요인과 밀접한 관계가 있으며, 아동의 주요 생활습관과 문제점은 다음과 같다.

- 텔레비전 및 비디오 시청: 학령기 아이들의 신체활동량이 감소하는 이유 중 하나로 텔레비전이나 비디오 시청, 컴퓨터 게임, 인터넷과 같은 실내놀이 시간이 증가한 것을 들 수 있다. 우리나라 초등학생들은 4시간 이상 텔레비전을 시청하는 경우가 평일에는 19.4%, 주말에는 38.7%며 대부분의 연구에서 텔레비전 시청과 비만은 밀접하게 관련되는 것으로 알려져 있다. 주말의 텔레비전 시청 시간은 체질량지수, 삼두박근 피부 두께 및 허리둘레, 허리둘레/신장의 비 등과 유의한 상관이 있고, 텔레비전 시청 시간이 1시간 늘어나면 비만 유병률이 1~2% 증가한다는 연구도 있다.
- 아침 식사의 결식과 야행성 생활습관: 2001 국민건강ㆍ영양조사에 따르면 1~19세 남자의 20.9%, 여자의 43%가 아침 식사를 거른다고 응답하였다. 이는 남자 전체 19.6%, 여자 전체 22.5%보다 훨씬 많은 숫자며, 아침 식사 결식률이 가장 높은 20대 다음으로 높았다. 한편

밤늦도록 깨어 있음으로 해서 잠자기 전 간식을 먹게 되고 아침에 늦게 일어나게 된다.

• **과중한 학업 부담**: 학업에 대한 부담이 과중하여 학교 및 방과 후 신체활동이 크게 감소하였다. 2005년 교육인적자원부의 보고에 의하면 과외를 받는 학생 비율은 2000년 58.2%에서 2003년 72.6%로 증가하였으며, 이 중 초등학생 83.1%, 중학생 75.3%, 고등학생 56.4%가 방과 후 과외활동에 시간을 보내는 것으로 파악되었다. 또 다른 보고에 의하면 초등학생의 56.1%가 과외학원에서 시간을 보내며, 14.7%가 가정에서 학습지나 숙제를 하는 것으로 나타났다. 저녁 식사 후부터 취침 전까지의 생활에서는 40.1%가 자유 시간, 20.2%는 학습 지도, 나머지 12.1%는 텔레비전을 시청한다고 응답하였다.

• **운동 부족**: 아이들은 대부분의 시간을 학교에서 보내지만 학교에서 조차 신체활동에 참여할 기회가 줄어들고 있다. 학생 체력장 제도가 사라지고 중·고등학교의 체육교과 시간이 축소되는 등 갈수록 학교체육이 변방으로 밀리고 있는 가운데 2005학년도에 전국 고등학교 2, 3학년 체육교과를 선택한 학생 비율은 2학년 남학생 87%, 여학생 79%, 3학년 남학생 69%, 여학생 59%로 나타나 고학년이 될수록 체육을 전혀 하지 않는 학생의 비율이 높아지고 있다. 2001 국민건강·영양조사에 따르면 매일 20분 이상 지속되는 운동을 전혀 하지 않는 12~19세 청소년은 남자 62.5%, 여자 81.0%에 달하였다. 규칙적인 중등도 운동 실천율은 남학생이 27.8%로 성인 남자(22.2%)보다 높았지만 여학생은 11.6%로 성인 여자(19.4%)보다 낮았다.

7 사회 · 문화적 요인

비만의 사회 · 문화적 요인으로는 문화적 규범, 사회경제 상태, 결혼 상태, 교육 등이 포함된다. 사회 · 문화적 요인이 직접적으로 비만을 일으키지는 않지만 어느 정도 관련성은 있다. 예를 들면, 미국의 남부 지역에는 비만율이 높은데, 이는 사회경제 상태와 교육 및 과체중에 대한 사회적 수용도 등에 차이가 있기 때문이다. 또한 미국의 경우 흑인은 30%, 라틴계는 25%, 백인은 18% 정도로 인종에 따라 비만율이 다르게 나타나고 있다.

Garn과 Clark(1976)은 저소득층의 소녀는 청소년기 이후에 체중이 증가하고, 고소득층의 소녀는 청소년기 이후에 체중이 감소한다고 밝혔다. 가족의 역기능도 아동과 청소년의 BMI 증가와 관련되는 영향 중 하나다(Kinston, Leader, & Miller, 1987; Mendelson, White, & Schliecker, 1995). 10년 동안의 추적 연구를 보면 부모에게 무시 받고 자란 아동은 그렇지 않은 아동에 비하여 14세 때까지 비만이 될 가능성이 9.8배 높은 것으로 나타났다(Lissau & Sorensen, 1994). 또한 부모의 무시로 인한 소아 비만은 다른 심리학적 위험요인보다 더 강하게 나타났다(Lissau & Sorensen, 1994).

아동과 청소년의 비만율은 인종에 따라 상당히 다르게 나타난다(Rosner et al., 1998; Troiano et al., 1995). 정상적인 아동(5~11세)과 청소년(12~17세)의 체중과 신장 구성도 인종별로 다양한데, 5~17세의 여자, 흑인, 스페인계 아동과 청소년이 BMI가 가장 높은 것으로 나타났다. 이 비율은 백인과 아시아계 여자보다 실제적으로 더 높게 나타났으며, 그 차이는 9세 이후에 뚜렷하다. 인종별 차이는 5~17세의 남성에게서는 별로 뚜렷하지 않지만, 스페인계 청소년은 다른 그룹의 청소년보다 BMI가 높게 나타났다.

특정한 인종에서 비만율이 높은 이유로는 사회경제적 지위(Stunkard, 1989), 신체활동의 감소로 인한 에너지 소비의 감소(Andersen et al., 1998; Striegel-Moore & Tucker, 1990), 지방 섭취의 증가와 패스트푸드의 소비 증가 (Williams, Achterberg, & Sylvester, 1993), 특히 텔레비전 시청(Robinson & Killen, 1995), 안정 시 기초대사율의 유전적인 차이(Foster, Wadden, & Vogt, 1997; Yanovski et al., 1997), 신체적 성숙과 성장 발달의 인종적 차이 (Doswell et al., 1998) 등이 있다.

비만 청소년의 대학 졸업률은 유사한 교육 배경의 정상 체중 동급생보다 낮다(Gortmaker et al., 1993). 결혼을 하더라도 비만 여성은 더 낮은 사회경제적 위치의 배우자를 선택할 가능성이 높다(Brownell, 1995). 게다가 비만인은 고용주로부터 차별을 받고 수입도 적고 교육 연수도 적으며, 높은 빈곤율에 고통을 받는다. IQ와 부모의 교육 수준 및 소득 수준을 통제한 상태의 조사에서도 유사한 결과를 보인다.

〈표 2-1〉 비만 위험과 관련된 사회·문화적 요인

• 세계적인 분포
−비만은 개발도상국보다는 선진국에서 더 많이 발생한다.
−어떤 문화에서는 체중 증가가 부유함과 관련이 있고, 또 다른 문화에서는 날씬한 것이 부유함과 관련이 있다.
• 미국 내의 분포
−미국의 흑인, 라틴계, 원주민, 태평양 군도에서 비만율이 높다.
−저소득층이나 저임금 노동자의 비만율이 높다.
−교육 수준이 낮은 사람이 비만율이 높다.
−도시에 사는 사람보다 시골에 사는 사람이 비만율이 높다.
−남부 지역에 사는 사람이 비만율이 높다.

출처: 이상선, 정진은, 강명희, 신동순, 정혜경, 장문정, 김양하, 김혜영, 김우경(2006). NEW 영양과학. 지구문화사, p. 359.

제3장

소아 비만 치료와 관리의 이해

1 행동 수정 및 인지행동 요법

산업화와 더불어 안락한 생활환경이 제공되어 신체활동량은 감소하고 앉아 있는 시간이 증가하고 있다. 교통수단의 발달로 등 · 하교 시간에는 걷는 기회가 줄었고, 안전의 위협 등으로 방과 후에도 집안에서 생활하는 시간이 많아졌으며, 텔레비전 시청이나 게임, 컴퓨터를 사용하는 시간이 증가하였다. 바쁘게 돌아가는 일상에서 주변에서 값싸고 쉽게 구할 수 있는 음식들이 많아졌지만 건강식보다는 건강에 해로운 음식이 많다. 이와 같은 여러 요인은 개인에게 건강을 해치는 위험 요인으로 작용하고 있다.

과체중 혹은 비만에 영향을 미치는 요인으로는 가족의 비만 유무, 간식 시간, 간식의 빈도, 간식의 종류, 폭식, 운동 유무, 배고프지 않은 상태에서의 과식, 과다한 식사량, 고열량 식품 섭취, 결식, 식사 속도, 잦은 외식, 텔레비전 시청 시간, 독서 혹은 텔레비전 시청 시의 간식 등이 있다.

행동 요법에는 행동 수정 요법과 인지행동 요법이 있다. 행동 수정 요법은 소아 비만의 가장 효과적인 치료 방법이다. 즉, 비만을 초래하는 잘못된 식사습관과 생활습관을 교정하여 음식 섭취량을 감소시키고 활동량과 운동량을 증가시켜 체중 감량의 효과를 높이는 것이다. 무엇보다도 가족의 지지가 중요하며, 가족과 아동 본인의 치료 의지에 따라 그 효과가 크게 좌우된다.

비만에 대한 행동 수정 요법은 '비만한 사람들은 많이 먹고 덜 활동하려는 두 가지 특성을 가지고 있다.'는 가정에 근거를 두고 있으며, 그 목표는 체중 감량의 효과를 높이는 것이다. 대상자 개개인별로 효과를 극대화하기 위해서 무엇보다도 중요한 것은 각자의 잘못된 행동을 파악하여 바람직한 행동을 습관화하도록 하는 데 있다. 잘 알려진 바와 같이, 대부분의 비만한 사람들은 행동 요법을 시행하기 전 이미 식이 요법이나 운동 요법 혹은 한 가지 음식만 먹기, 금식, 약물 복용, 구토 등과 같은 해로운 다이어트 방법을 경험한 경우가 많으며, 이를 통해 성취감을 얻기보다는 낭패감과 좌절감을 얻은 경우가 많다.

행동 수정 요법을 위해서는 개인의 일상생활 패턴 파악이 중요하며, 연령별로 주말과 주중의 생활이 어떠한지 알아야 한다. 특히 학생들은 방과 후 시간에 개인별로 많은 차이를 보이므로 요일별로 기록하도록 하고 일주일 단위로 파악하면 효과적이다. 기상 시간과 취침 시간이 포함되어야 하며 식사 요법에서 사용되는 세부사항과 운동 요법에서 사용되는 세부사항을 모두 고려하여 생활 교정을 위한 대안을 제시하는 것이 바람직하다. 여기에는 식품교환군 내에서 바꿔 먹기와 과잉 섭취한 열량만큼 운동으로 소비하기 등이 포함된다.

인지행동 요법에서는 비만 환자에게 나타나는 잘못된 신념이나 믿음, 그에 결부되어 비만을 초래하는 행동이나 태도의 변용에 초점을 맞춰 비만 해소와 비만 상태 유지를 치료의 목적으로 한다. 인간은 주위 상황을 인지하고 행동하므로, 잘못된 행동 때문에 발생한 비만을 고치기 위해서 행동의 기초가 되는 인지를 바꿈으로써 근본적인 치료를 한다는 것이 인지행동 요법이다.

폭식을 동반하는 비만 환자의 경우 억울함이나 불안, 성격 장애 등이 일반 비만 환자보다 강하기 때문에 그에 따른 인지 왜곡의 문제점이 인지행동 요법에서 강조된다. 치료 대상이 되는 인지 장애는 '비기능적 사고'라고 하며 정서, 감정적 인지, 사고방식, 신체상(body image)에 대한 불만 등에 기초한 섭식의 문제, 대인관계 문제, 자기 의식의 문제 등을 밝혀간다. 심리학적인 치료로 자기 평가를 높여 비만의 원인이 되는 문제를 극복하는 방법이다.

◥ 행동 요법에서 고려해야 할 점

• 생활습관 등 개인별로 정확하게 평가, 분석한다(자기 관찰).

• 과식과 운동 부족을 방지하기 위해 생활환경을 정비한다(자극 조절).

• 아동 스스로 식사와 운동에 관한 달성도의 평가법을 확립하여 목적 의식을 높인다(강화).

• 최종적으로 비만에 관련한 사항 전반에 대해서 의식 개혁을 함으로써 최종 목적에 도달한다(인지 재구조화).

1) 자기 관찰

치료를 시작하기 전에 비만 아동의 개인별 식사습관 및 행동양식을 정확히 평가, 분석하는 단계로 행동 요법 프로그램의 핵심이며 치료 지침을 세우는 데 도움을 준다. 병력 청취를 하고 질문지, 식사 및 운동 일기를 기록하게 하여 비만을 유발하는 습관 및 행동과 태도를 파악한 후 수정 가능한 현실적인 목표를 정한다. 자기 관찰 시에 다음 항목들을 조사하고, 분석해야 한다.

• 식사 시간(아침을 먹는지, 저녁 식사 시간, 야식의 여부)

• 식사 장소

• 식사와 관련 없는 일을 하면서 식사(텔레비전 시청, 독서)

• 음식의 종류(고지방 음식, 인스턴트 식품, 음료수 등)

• 식사 시의 기분

• 같이 식사하는 사람(나쁜 식사습관을 조장하는 사람은 없는지)

• 배가 고플 때 하는 식사, 혹은 그냥 습관적인 식사

• 식사에 걸리는 시간(다른 사람보다 빨리 먹는지)

• 식탐의 여부

- 좋아하는 음식
- 운동의 종류 · 시간 · 강도
- 가족 단위 치료를 위한 가족 수와 구성, 가족의 행동 조사, 음식 소비 형태

2) 자극 조절

부적절한 식이나 운동을 초래하는 자극을 수정하는 것으로, 식사 일기와 활동량을 분석하여 문제점을 찾고 문제행동을 유발하는 자극을 조절하기 위해 생활양식의 변화를 시도하는 단계다. 음식에 노출을 줄이고 식사와 관련된 자극을 줄이기 위한 다양한 방법과 일상생활에서 활동량을 증가시킬 수 있는 여러 가지 방법을 가르친다. 자극을 조절하기 위한 구체적인 방법은 다음과 같다.

- 일찍 자고 아침에 일어나는 습관을 기른다.
- 아침은 꼭 먹는다. 방과 후부터 자기 전까지 과식하는 습관을 줄인다.
- 방과 후에 축구, 농구 등을 하면서 친구들과 마음껏 놀게 한다.
- 텔레비전 시청 시간을 1~2시간 정도로 제한한다. 텔레비전 광고는 아동의 음식 섭취를 증가시킨다.
- 컴퓨터 게임, 전자오락보다는 친구들과 밖에서 활동하도록 한다.
- 습관적으로 먹지 말고, 폭식 · 과식 · 야식을 피한다.
- 신선한 과일이나 채소를 먹는다.
- 식사는 식탁에 앉아서 한곳에서만 한다.
- 먹는 동안 다른 일은 하지 않는다.
- 식사 시간은 20분 이상 즐거운 대화를 하며 천천히 먹는다.
- 한 번에 한 가지 음식을 먹고, 한 숟가락씩 꼭꼭 씹어서 천천히 먹는다.

- 인스턴트 음식이나 조리가 되어 있는 제품은 되도록 먹지 않는다.
- 식품 구입 시 영양성분 표시를 확인한다.
- 음식은 오로지 식당에만 둔다. 음식을 눈에 잘 띄지 않는 장소에 보관한다.
- 피해야 하는 음식은 집에 들여 놓지 않는다.
- 식사 후 남은 음식은 치운다.

3) 강화

긍정적인 강화와 동기를 부여하는 것이 부정적인 강화를 하는 것보다 효과가 크다. 강화의 종류로는 음식물과 같은 소모성 강화 자극, 장난감이나 학용품과 같은 조작이 가능한 자극, 시각적 · 청각적 자극 그리고 미소, 칭찬과 같은 사회적 자극 등이 있다. 행동 문제의 교정 혹은 바람직한 행동의 유지를 위해서는 스티커를 사용하거나 보호자의 동의하에 자녀가 목표를 달성하면 작은 보상을 해 주도록 권장한다. 한 연구에 의하면 체중 조절 시 전체 아동의 26.4%가 부모로부터 선물받기를 원했고, 부모의 칭찬 14.6%, 선생님으로부터의 선물 8.2%, 친구의 칭찬 6.0% 등을 기대하는 것으로 나타났다. 또한 일주일에 한 번 정도 체중을 측정하여 비만도 추이를 관찰하는 것도 도움이 된다.

4) 사회적 지지 및 인식 변화

비만 치료에 가족이나 친구는 매우 중요한 역할을 하기 때문에 그들의 참여 및 지지가 필수적이다. 비만을 치료하려는 노력에 대해 긍정적인 인식을 가진 경우에 치료 효과가 매우 크다.

2 운동 요법

운동 요법의 목적은 운동을 통하여 비만과 관련된 위험 인자를 감소시 킴으로써 건강을 증진시키는 데 있다. 효과적인 처치는 3~6개월에 걸쳐 10~14%의 체중을 감량하고 감소된 체중에 대한 유지 요법을 6개월 이 상 실시하는 것이다. 운동에 의한 체중 감량은 단기간 내에 이루어지지 않지만 체지방을 감소시켜 비만 상태를 개선할 수 있다.

식이 요법을 동반하지 않은 경우는 30분 조깅이나 45~60분 속보 등 300~500kcal의 열량을 소비하는 운동을 10회 실시하는 경우에 500g의 지방을 감소시킬 수 있다. 식이 요법을 병행하면 동일한 체중 감량에 필 요한 시간을 1/2 정도로 감소시킬 수 있다. 비만자에 대해서는 우선 운동 프로그램을 시작하고 지속적으로 유지할 수 있는 방법을 고려해야 한다. 동시에 합리적으로 지방을 감소시키도록 식사와 운동을 병행해야 한다. 비만자는 일반적으로 운동을 좋아하지 않기 때문에 프로그램 지속률을 향상시키는 요인을 고려하여 운동을 실시해야 한다.

비만을 예방하기 위해 사춘기 이전의 아동들에게 규칙적인 신체활동 을 하도록 권장하고 있다. 규칙적인 신체활동은 체지방량 감소, 제지방 량 증가, 유산소 능력 향상, 골밀도 증가, 운동신경 능력 향상, 신체 조성 개선 그리고 정서적인 안정 등의 효과가 있다. The National Strength and Conditioning Association(NSCA), The American Council on Exercise (ACE), The National Association for Sports and Physical Education(NASP) 은 비만하거나 정상적인 사춘기 이전 아동들에게 자기 능력에 부합하는 신체활동 프로그램의 참여를 권장하고 있다.

〈표 3-1〉 비만 예방을 위한 운동 지침

운동 요소	운동 지침
운동 종류	유산소 운동: 걷기, 달리기, 자전거 타기, 등산, 계단 오르기, 수영, 줄넘기, 배드민턴 등
운동 강도	초기에는 낮은 심박수에서 시작하여 4~5주 간격으로 점증 매회 350kcal(주당 5일)~600kcal(주당 3일) 열량 소비
운동 시간	매회 30~60분
운동 빈도	주당 3~5일
참고사항	가벼운 운동(스트레칭 등)에서 걷기, 달리기로 점증 주당 1,750kcal(0.25kg)의 열량 소비 목표 식이 요법과 병행하는 경우 주당 1kg 이하 목표 행동 수정 요법과 병행하여 실시하는 것이 효과적

출처: 임완기, 박계순, 오광진, 육조영, 이병근, 장창현, 정동춘, 최기수, 황종문(2004). 성인병과 운동 처방. 도서출판 홍경, p. 53.

아동에게 신체적 활동을 장려하는 중요한 이유는 아동의 과체중과 비만이 점차 증가하고, 대다수 남녀 아동의 신체활동 참여가 낮아지고 있기 때문이다. 비만한 남녀 아동의 비율은, 지난 20년간 2배가 되었고 많은 비만 아동이 하나 또는 그 이상의 심혈관계 질환의 위험 요소를 가지고 있다. 매일 체육수업에 참여하는 수가 계속 줄어들고 있으며 평균적으로 미국의 아이들과 청소년들은 하루 4시간을 미디어(TV 시청, 비디오 게임, 컴퓨터 활용 등)와 함께 보내고 있다.

아동기에 비만과 비신체적 활동의 부정적인 건강상이 생기면 그 결과로 고혈압 및 아동·청소년의 동맥경화증, 성인기에 시작되는 2형 당뇨병이 발병할 수 있다. 게다가 어린 시절에 형성된 긍정적, 부정적인 행동 습관은 성인기까지 이어짐으로써 비활동적인 아동과 청소년은 비활동적인 성인이 될 가능성이 높다.

소아기는 체력적으로나 생리적으로 성숙하지 않은 상태지만 성장과 발육이 왕성한 시기이므로 성장에 지장을 주지 않는 범위에서 체중 조절을 유도하여야 한다. 특히 신체활동을 늘리거나 운동에 참여하는 것은 식사 요법, 행동 요법과 함께 소아 비만 치료의 중요한 부분이다. 부모는 자녀가 어릴 때부터 비만이 되지 않도록 규칙적으로 운동에 참여시키는 것이 좋으며, 연령이 낮을수록 의지가 약하고 인내심이 부족하므로 비만 치료에서 부모와 가족의 역할은 매우 중요하다. 또한 소아가 바람직한 운동습관을 가질 수 있도록 수준에 맞는 적합한 운동 프로그램을 실시하는 것이 필요하다.

소아 비만 치료에서 신체활동의 장점

신체활동이 비만 치료의 만병통치약은 아니지만, 비만 아동에게 적당한 운동은 열량 소비의 주요 요인으로서 신진대사를 촉진시킬 뿐만 아니라 근골격의 발달과 심리적 요인의 개선, 관상동맥 질환의 위험 요인 등을 개선시킬 수 있다.

- 에너지 소비량 및 대사량 증가: 비만 아동이 신체활동을 하게 되면 그 자체가 에너지를 소모시킬 뿐만 아니라 운동 후 적어도 2~3시간 동안 우리 몸에서 증가된 대사량이 유지된다. 또한 운동을 하면 몸속의 지방은 감소하고 근육량은 증가하여 대사량이 증가한다.
- 발육 촉진: 비만 해소를 위한 운동은 활발한 전신의 움직임을 유발시키기 때문에 근육조직의 모세혈관을 발달시키고 나아가 소아의 골격이나 성장을 촉진시킨다.
- 체력 단련: 비만 아동은 조금만 뛰거나 계단을 올라가도 숨이 차고 힘이 들기 때문에 신체를 움직이는 활동을 싫어하고, 그래서 운동 부족과 비만의 악순환이 계속된다. 대부분의 비만 아동이 보기와는 달리 체력이 약하지만 운동에 재미를 붙이고 운동량을 늘려가면 근

력이 증가하고 근지구력, 유연성, 평형성 등 체력 요소를 단련시킬 수 있다.

• 각종 질병 예방: 규칙적인 운동은 몸에 이로운 HDL-콜레스테롤을 증가시키고 몸에 해로운 LDL-콜레스테롤을 감소시킨다. 아울러 비만은 고혈압, 심장병, 고지혈증 등의 성인병에 걸릴 확률을 높이지만 운동은 비만 예방과 함께 이들 질환을 치료하는 데 효과가 큰 것으로 알려져 있다. 그 외에도 운동은 근육 발달 및 골조직을 충실하게 하여 비만으로 인한 요통을 방지해 주고, 근골격계 상해를 예방하는 데에도 도움이 된다.

• 스트레스 해소: 비만 아동의 체중 감량을 위해서는 지속적인 식사 조절이 필요하다. 그러다 보면 먹고 싶은 욕구를 해소하지 못하여 스트레스가 가중되어 신경질적이거나 반항적인 성격이 되기 쉽다. 운

〈표 3-2〉 **비만자의 규칙적인 운동의 효과**

생리적 효과	
• 에너지 소비량의 증가	• 식욕의 감소
• 근육량의 유지 또는 증가	• 체지방의 감소
• 기능적인 능력의 개선	• 혈장 인슐린 수치의 저하
• 인슐린 감수성의 증가	• 혈장 트리글리세라이드 수치의 저하
• 안정 시 및 운동 시의 심박수 저하	• 수축기 혈압의 저하
• 심박출량의 증가	• 말초혈관 저항의 감소
• 심장 부담의 감소	• 유연성의 향상
• 신경근 협응의 개선	
심리적 효과	
• 일에 의한 피로의 감소	• 자기 만족감의 증가
• 지각의 향상	• 사교성의 향상
• 자신감의 증대	• 장래에 기대감 진보

출처: 임완기, 박계순, 오광진, 육조영, 이병근, 장창현, 정동춘, 최기수, 황종문(2004). 성인병과 운동 처방. 도서출판 홍경, p. 53.

동은 식사 조절에서 오는 스트레스를 해소시켜 줌으로써 체중 조절
을 용이하게 할 뿐 아니라 정신 건강에도 도움이 된다.

• **적극적인 사고와 자신감 고취**: 운동을 하다 보면 못하던 것도 잘하게
되고, 새로운 동작들을 배우면서 '나도 할 수 있다'는 자신감이 생긴
다. 따라서 성취감을 느끼고 매사에 적극적이고 능동적인 사고를 갖
게 함으로써 학습에서도 창의력과 성실성을 보인다.

체중 감량은 일반적으로 식이 요법과 신체활동을 병행해야 최대의 효
과가 나타난다(Epstein, Coleman, & Myers, 1996). 신체활동만으로 효과를
입증한 몇 가지 연구가 있지만 가장 효과적인 체중의 감량은 신체활동과
식이의 요소를 병합해야 한다(Epstein, Valoski et al., 1994). 운동은 신체의
에너지 소비를 증가시킴으로써 체중 감량을 가속화하고 체중을 유지할
수 있도록 한다(Brownell & Wadden, 1991). 체중 감량에 효과적인 운동으
로는 유산소 운동이 좋으며, 이것은 무산소 운동보다 더 효율적이다(Epstein,
McKenzie et al., 1994; Epstein et al., 1982).

아동의 정상 체중 유지를 위하여 미국건강서비스(USDHHS, 1996)에서는
매일 적어도 90분씩 중강도 신체활동에 2~3년씩 참여하도록 권장하고
있다. 좌업생활을 줄이는 것도 신체활동을 증가시키며(Epstein, Saelens,
Giancola, & O'Brian, 1995), 체중 감량을 유도한다(Epstein, Valoski et al.,
1995). Saelens와 Epstein(1998)은 텔레비전을 보는 아동들은 신체활동을
늘려야 하며 텔레비전을 보는 시간을 줄이도록 권장하고 있다.

Epstein 등은 소아 비만 치료에서 생활양식의 접근법이 도움이 된다고
하였다(Epstein et al., 1982; Epstein, Wing, Koeske, & Valoski, 1985; Epstein,
Valoski et al., 1994). 일상생활 속에서 개인의 에너지 소비를 증가시키는
방법으로는 승강기 대신 계단을 이용하고 자전거나 걸어서 통학하는 것
등이 있다(Faith et al., 1997). 중강도 활동 혹은 생활에 연결되는 활동은

고강도의 신체활동 전에 시행하도록 권장하고 있다. Epstein과 Valoski 등은 생활 속의 활동이 좀 더 구조화된 운동(유산소 운동수업)보다 효과적이며, 일상의 활동양식으로 오랫동안 쉽게 지속적으로 유지하게 됨을 확인하였다.

규칙적인 운동은 체중 조절에 필수적인 요소다. 더욱이 비만은 단기적인 감량은 쉬워도 장기적으로 봤을 때 재발이 문제(요요현상)가 되는데, 운동은 장기적인 체중 조절에 효과가 매우 좋다. 소아 비만 치료에서 운동이 특히 중요한 이유는, 아동들에게 과도한 열량을 제한하게 되면 신체의 발육과 성장에 지장을 주기 때문이다. 따라서 운동의 역할이 상대적으로 더 중요하다.

1) 운동행동의 평가

비만은 과식과 아주 밀접한 관련이 있지만, 운동 부족과 잘못된 생활습관이 보다 크게 관여하고 있는 경우가 있다. 하루 중 신체의 움직임에 의한 에너지 소비량을 '생활활동 정도'라고 부르는데, 생활활동 정도가 높으면 체중 감량이 용이할 뿐만 아니라 감량된 체중을 유지하기도 쉽다. 한편, 일상생활의 규칙을 잘 지키고 있어도 식사를 중심으로 한 생활습관의 교정만으로는 비만이 개선되지 않고, 활동성을 높일 필요가 있다. 소아 비만을 위한 행동 요법은 행동 교정을 통해 올바른 식습관과 운동습관 및 일상생활습관이 정착되도록 도와주는 것이다.

먹는 양을 줄이고 동시에 신체활동량을 증가시키는 것이 에너지 균형 공식에서 음(−)의 에너지 균형으로 갈 수 있는 방법이다. 하루에 약 1.6km를 걸으면 대개 15~20분 정도 소요되며 100kcal를 소모한다. 일주일이면 700kcal를 소비할 수 있다. 전문가들은 매일 45~60분씩 운동을 하면 정상인이 과체중이 되는 것, 과체중인 사람이 비만해지는 것, 비만인이 더욱 나빠지는 것을 방지할 수 있다고 한다. 이전에 비만했던 사람은 매일 60~90분씩 운동을 해야만 다시 비만해지는 것을 방지할 수 있다. 왜냐하면 줄어든 체중 0.45kg당 하루에 8kcal가 덜 필요하기 때문이다. 만약에 4.5kg의 체중을 줄였다면 하루에 80kcal가 덜 필요하므로 에너지 섭취를 줄이든지 운동량을 늘려서 에너지 소비를 증가시켜야만 체중 감량의 효과를 볼 수 있다.

에너지 소비량은 기초대사와 신체활동에 이용되는 에너지의 총계며, 에너지 소비량의 개인차는 주로 신체활동량에 따라 다르게 나타난다. 비

〈표 3-3〉 비만자의 운동 프로그램 참여를 지속시키는 요인

- 대상자의 특성과 기호에 알맞은 운동을 선택한다.
  - 신체 전체를 움직이는 것을 강조
  - 걸을 수 있는 모든 기회를 강조
  - 일상생활이 모두 운동인 것을 강조
- 현실적인 목표를 설정한다.
  - 운동량, 운동 강도, 운동 기간
  - 운동 시간과 운동 빈도
  - 생리적 · 심리적 변화
- 운동을 서서히 시작한다.
- 운동하기에 좋은 시간을 택한다.
- 쾌적한 환경을 마련한다.
- 개개인의 마음에 신경을 쓴다.
- 그룹의 활기를 주는 지도자를 선택한다.
- 기록을 남긴다(자기 모니터).
- 변화된 수치를 적극적으로 생각한다(체중, 체지방률, 운동 능력, 심박수, 혈압, 혈청 지질, 혈당치, 인슐린치, 뇨산치).
- 경험을 활용한다.
- 본인과 가족에게 재교육을 실시한다.
- 식사와 운동에 의한 에너지 대사를 이해한다.

출처: 임완기, 박계순, 오광진, 육조영, 이병근, 장창현, 정동춘, 최기수, 황종문(2004). 성인병과 운동 처방. 도서출판 홍경, p. 55.

만에 대한 운동 요법의 효과로 에너지 소비 증대, 안정 시 기초대사량 증가, 제지방 체중 유지, 고지혈증·고혈압의 개선이나 관상동맥 질환의 발병률 저하, 스트레스 완화, 체력·심폐 능력의 향상을 들 수 있고, 비만 아동에 대한 운동 요법은 성인과 같은 효과를 기대할 수 있다. 또한 비만 아동에게 사회·심리적 효과로 신체활동은 운동을 생활화하는 건강한 생활습관을 가져옴으로써 무력감·열등감의 극복이나 건전한 자기상(self esteem)의 확립 등에 도움을 준다.

2) 아동을 위한 운동 프로그램 운영의 실제

운동에 대해 부정적인 생각을 가진 소아에게는 처음부터 운동을 실시하면 큰 효과를 기대할 수 없다. 일반적으로 비만이 심할수록 몸을 움직이는 것에 대해 거부감을 갖고 있는 경우가 많다. 운동을 전혀 하지 않았던 경우에는 일상생활에서 신체활동량을 조금씩 늘리는 것부터 시작하는 것이 바람직하다. 이때 에너지 소비를 효율적으로 증가시켜야 하며, 아동들이 좋아하고 싫어하는 신체활동을 잘 파악해야 한다.

(1) 1단계 – 생활태도 개선

소아 비만은 습관을 바꾸는 것이 가장 중요하다. 평소에 하지 않던 운동을 갑자기 시작하기 전에 우선 일상생활에서 점차적으로 신체활동량을 증가시키도록 한다. 생활 속 활동량의 증가는 생활태도의 개선은 물론, 체력 증진 및 에너지 소비량을 증가시키는 데 큰 도움이 된다.

① 야외놀이를 선택한다.

부모가 함께 집 근처 공원에서 산책을 자주 하거나 공을 들고 집 밖으로 나가 아동이 자연스럽게 움직일 수 있도록 유도하는 것이 좋다. 일주일에 2~3회 정도 집 주변의 약수터, 체육시설, 공원 등지에서 상쾌한 공기를 마시며 활동량을 늘리도록 한다.

② 눕는 습관을 줄인다.

저녁에 일찍 자고 아침에 일찍 일어나는 습관을 기르고 낮잠을 자지 않도록 한다. 누워서 텔레비전이나 만화책을 보는 등 여가 시간을 누워서 보내는 습관을 고치고 항상 바른 자세를 유지하도록 지도한다. 가전제품의 리모컨은 움직이기 싫어하는 아동의 활동을 더욱 감소시키므로 직접 움직여서 작동하도록 한다.

③ 틈틈이 유연체조를 한다.

학교에서든, 가정에서든 간단하게 할 수 있는 유연체조를 익혀 조금의 여유 시간이라도 생기면 틈틈이 체조를 하는 습관을 기르도록 한다.

④ 가까운 거리는 걷고, 계단을 이용한다.

가까운 거리를 가는 경우라면 교통수단을 이용하기보다는 걷는 습관을 기르고, 5층 이하의 건물은 에스컬레이터나 엘리베이터를 타지 않고 계단을 이용한다. 만보계로 자신의 걷는 거리를 인지하게 하고 걷는 거리를 최대한 늘리도록 한다.

⑤ 집안일을 거들도록 한다.

집안 청소, 이불 개기, 식사 준비, 빨래 널기, 정원 가꾸기, 쓰레기 버리기 등 매일 조금씩이라도 집안일을 거들 수 있도록 한다. 사소한 동작도 생각 외로 에너지 소비량이 많으므로 아동이 움직일 수 있는 기회가 생기도록 몸을 움직이는 심부름을 자주 시킨다.

(2) 2단계 - 운동 프로그램

신체를 움직이는 것에 긍정적인 아동은 전문적 운동 처방을 이용한 지도가 효과적이다. 중등도 비만이나 고도 비만 아동의 경우 운동을 시작할 때, 아동의 운동 능력 평가를 위해 운동 부하 검사를 실시하도록 한다.

↘ 운동 프로그램 시 기본적 고려사항

어느 정도의 운동습관이 있는 아동은 낮은 강도의 운동부터 시작하여 점차 늘려 가도록 한다. 운동 종목은 아동이 좋아하는 운동을 선택하여 즐겁게 몸을 움직이게 하는 배려가 필요하다. 운동의 종류는 좋고 나쁨이 분명하게 구별되는 것은 아니며, 아동의 체력이나 기술 그리고 무엇보다 비만 아동의 운동 기호를 고려하는 것이 중요하다. 특정한 운동을 강요하지 말고 아동의 의견을 존중하여 아동이 재미있어하는 운동을 하도록 한다.

- 자기 스스로 속도 조절이 가능한 운동: 비만 아동이 운동을 할 때는 운동의 양을 어떻게 달성하느냐가 중요하다. 일단 운동 초기에는 자신이 운동의 힘과 빠르기를 조절할 수 있으면서도 에너지 소비량을 적절히 늘릴 수 있고 힘들지 않은 운동이 좋다. 유산소 운동 중에서도 걷기, 가벼운 조깅, 고정식 자전거 타기, 근력운동 등이 권장된다.
- 오락성이 있고 흥미가 있는 운동: 아동은 단조롭고 장시간 지속하는 운동보다는 다양하고 흥미 있는 운동을 좋아한다. 비만 아동에게 체중 감량이나 운동의 효과만을 들어 무리한 운동을 강제로 시키거나 본인이 싫어하는 운동을 하게 되면 운동을 고통스럽게 생각하여 흥미를 잃어버린다. 수영, 스키, 스케이트, 에어로빅체조 등은 배우기만 하면 흥미를 가지고 할 수 있는 종목이다.

- 장점을 살릴 수 있는 운동: 대부분의 비만 아동은 체중이 많이 나가기 때문에 단거리 달리기, 오래달리기와 같은 순발력과 지구력을 요하는 운동 종목에 취약하다. 따라서 무조건 처음부터 운동에 소질이 없다고 할 것이 아니라 그 아동의 장점을 살릴 수 있는 운동을 할 수 있도록 유도한다. 특기를 살리고 운동 자체에서 흥미를 얻을 수 있는 종목이면 체력이 허용하는 범위에서 야구, 탁구, 발야구, 배구, 농구, 축구 등 여러 가지 스포츠가 모두 유용하다.

3) 비만 아동을 위한 운동 처방

초등학생의 신체활동 시간의 평균치는 해마다 줄고 있으며, 이 경향은 중학생이나 고등학생에게서 뚜렷하게 나타난다. Okuni는 비만의 정도가 높을수록 텔레비전이나 비디오의 시청 시간이 길어진다는 것을 보고하였으며, 일본의 아동들도 몸을 거의 움직이려 하지 않음으로써 활발하지 않은 생활습관이 만연해 있다고 보았다. 본래 활동적이어야 할 아동들의 운동습관이 없어짐에 따라 소아기부터 비만증을 비롯한 여러 가지 건강 장애가 발생하는 것이다.

비만 아동과 정상 아동의 체력을 비교하면, 비만 아동은 근력은 뛰어나지만 근지구력, 순발력, 민첩성은 떨어진다. 운동부하 실험의 경우, 비만 아동의 심박수나 수축기 혈압은 안정 시, 운동 중, 회복기 등 모든 경우의 정상 아동보다 높아 순환기계통에 과도한 부담을 준다. 그 결과 비만 아동은 정상 아동과 비교해 운동을 견디는 시간이 짧고 조기에 무산소성 대사역치(AT; anaerobic threshold)에 도달하여 운동 수행 능력이 떨어지게 된다. 비만 아동의 AT 평균치를 일상생활 동작으로 환산하면 사이클링이나 빠른 걸음 정도의 운동 강도에 해당되기 때문에, 정상 아동에게 전혀 힘들지 않은 운동이 비만 아동에게는 매우 힘든 운동이 될 수 있다.

운동 처방 시 중요한 것은 대상 아동의 운동 능력이나 체력 수준의 개인차를 고려하는 것이다. 이때는 일상생활을 재검토하여 신체활동량을 조금씩 늘리는 것부터 시작해야 한다. 운동 처방을 실시할 때는 반드시 대상 아동의 유산소 운동 능력 평가와 운동 강도를 추정하기 위해 운동 부하 검사를 실시해야 한다. 운동 처방의 구성요소에는 운동의 강도, 종류, 지속 시간, 빈도가 있다.

(1) 운동량의 설정

비만 아동을 위한 운동 처방 시 목표로 하는 소비 에너지는 하루에 100~200kcal 정도가 좋다. '일본인의 영양 소비량'을 보면 연령별·성별 에너지 소비량의 약 80%를 섭취하고, 신체활동으로 인한 에너지 소비는 약 5~10%로 한다. 이 방법으로 하게 되면 초등학생은 하루에 약 80kcal, 중학생은 하루에 약 100kcal 정도가 된다.

(2) 운동 강도의 설정

아동에게 격렬한 운동을 시키거나 운동을 장시간 지속하게 하는 것은 오히려 운동으로 인한 상해의 위험성이 있다. 가장 쉽게 운동 강도를 결정하는 방법은 운동 중 심박수 측정법이다. 우리 몸의 지방을 줄이기 위해서는 자신의 최대 맥박수의 40~70% 범위에 속하는 유산소성 운동을 선택하는 것이 좋다. 아동의 경우 1분에 130~150회가 적당하며, 비만 아동은 1분에 170회가 넘지 않도록 주의해야 한다.

맥박을 측정하기가 번거로운 경우 아동 스스로의 느낌으로 운동 강도를 구별할 수 있도록 하는데, 체지방 감소를 위해서는 너무 힘들고 격한 강도보다는 운동 중에 대화가 가능하고 약간 숨이 찰 정도의 강도가 바람직하다. 운동 강도가 올라가면 지방의 사용이 줄어들고, 운동을 무리하여 힘들게 장시간 실시하면 오히려 식욕이 크게 자극될 수 있다. 일단 식욕이 자극되면 식사량이 늘어나서 운동으로 소비되는 에너지를 제외하고도 섭취한 에너지가 남아 체중이 증가할 수 있다.

운동 강도는 운동 부하 검사로 얻을 수 있는 최대 산소 섭취량(VO_2max)의 백분율로 나타낼 수 있다. 미국 스포츠 의학회(ACSM; American College of Sports Medicine)의 감량 프로그램에서는 비만인에게 적절한 운동 강도로 VO_2max의 약 50% 또는 최대 심박수의 60%로 정하고 있다. Borg가 만든 자각적 운동 강도(Borg Scale)는 성인에게는 널리 알려져 있지만, 소아인 경우에는 성인보다 특정 운동에 대한 강도를 낮게 인지하는 경향이 있으므로 VO_2max나 심박수를 이용하는 것이 효과적이다. 최근에는 운동강도 설정 시 AT나 젖산역치(LT; lactate threshold)를 지표로 하는 방법이 많이 사용된다.

AT나 LT를 지표로 한 운동 요법의 장점은, AT나 LT 수준 이하의 운동 강도일 때 장시간 지속 가능하다는 것, 운동 시 산증(acidosis)의 위험이 적은 것, 운동 강도 증가에 따라 심장 기능의 대응이 유지되고 있으므로 안전성이 높은 것 등을 들 수 있다. 그러나 AT의 측정은 호기가스 분석이, LT의 측정에는 운동 중 채혈이 필요하기 때문에 비만 아동에게 적용하기 어려운 부분이 있다.

(3) 운동 종류의 설정

운동의 종류에는 지구성 트레이닝과 같은 유산소 운동과 근력 트레이닝과 같은 무산소 운동이 있다. 비만 아동에게 적합한 운동은 유산소 운동으로 걷기나 수영을 들 수 있다. 운동을 처음 시작하는 경우에는 개인의 체력이 허용하는 범위에서 자신이 좋아하는 운동을 시키는 것이 좋다. 어느 정도 개인의 기초 체력이 생기면 그룹을 만들어 공을 사용하는 게임이나 운동 놀이를 적용하는 것도 즐겁게 몸을 움직이게 하는 좋은 방법이다.

비만을 치료하고 예방하기 위한 무산소 운동은 제지방 체중의 유지 및 증가라는 장점이 있지만, 소아에게 적용 시에는 전문 트레이너의 관리 하에 실시해야 한다는 점, 부상의 위험, 흥미가 없고 힘들다는 점 등의 단점이 있다.

운동의 종류를 선택할 때는 대상 아동의 부상이나 흥미도, 과거 병력, 합병증의 유무에 대해 충분한 주의를 기울여야 한다.

① 유산소 운동

유산소 운동이란 운동 시에 산소를 이용하는 운동을 말하며, 일반적으로는 비교적 낮은 강도 또는 중등도의 강도에서 장시간 지속적으로 할 수 있는 전신 운동을 의미한다. 유산소 운동은 운동 중에 체내의 탄수화물도 소비하지만 지방을 더 많이 사용함으로써 체지방을 감소시켜 비만을 치료하거나 개선하는 데 매우 효과적이다. 유산소 운동에는 조금 빠르게 걷기, 조깅, 실내 자전거 타기, 계단 오르기, 수영, 등산, 에어로빅댄스 등이 있다.

유산소 운동은 소아, 청소년, 성인, 노인 등 모든 연령층에서 가능한 운동으로 부상 및 상해가 적다. 또한 강도가 낮기 때문에 오랫동안 수행할 수 있으며, 운동 후에 피로가 적다는 장점을 가지고 있다. 그러나 이와 같은 운동 종목도 할 때 힘이 들고 피로하기 쉬운 높은 강도로 한다면 무산소 운동이 될 수 있다. 무산소 운동이 되면 지방보다는 탄수화물이 운동 에너지로 많이 소비되면서 몸에는 젖산이 축적되어 피로를 느끼게 되므로 보다 낮은 강도로 쉬지 않고 계속하는 것이 좋다. 특히 비만도가 심한 아동은 테니스나 스쿼시처럼 방향을 급속하게 전환하는 종목이나 체중 부하가 심한 줄넘기는 피하는 것이 좋다.

Sothern 등(1999)의 연구에 의하면 비만 아동에게 신체활동의 중요성에 관한 교육과 함께 운동량을 늘리도록 동기 유발시킴과 동시에 유산소 운동을 규칙적으로 실시한 결과 체지방의 유의한 감소를 보였다. Mo-suwan 등(1998)의 연구에서도 29주 동안 15분 걷기 및 20분 에어로빅 운동을 실시한 결과 초등학교 여자 어린이의 체질량지수의 증가를 막고, 비만의 정도를 낮추었다고 보고하고 있다.

② 무산소 운동

무산소 운동이란 운동 시에 산소를 거의 이용하지 않는 운동을 말하며, 여기에는 100m 달리기, 웨이트 트레이닝 등이 있다. 웨이트 트레이닝(저항 운동)은 성장기에 근력이 부족하거나 근지구력이 약한 아동에게 탄력적인 몸매를 만들어 주는 데 아주 효과적이다. 하지만 무산소 운동은 운동 시 에너지원으로 탄수화물을 사용하는 특징을 가지고 있기 때문에 무산소 운동 후에는 많은 양의 젖산이 생성되어 피로도가 높다는 단점이 있다.

아동의 저항 운동은 헬스장이나 스포츠센터 등에서 기구 운동을 하는 것보다 윗몸일으키기, 팔굽혀펴기 등 주로 자신의 체중을 이용하여 가정에서 쉽게 할 수 있는 것들로 구성하는 것이 좋다. 탄력밴드나 아령을 이용할 수도 있으며, 아령으로 근력 향상 운동을 할 때는 너무 무겁지 않은 것으로 반복 횟수를 많이 하여 전신을 골고루 자극하는 것이 좋다. 체지방을 줄이는 효과를 높이기 위해서는 유산소 운동을 주로 하고 근력 운동을 병행하도록 한다.

지금까지 아동을 위한 운동 프로그램은 주로 조깅, 수영, 댄스와 같은 유산소 운동에 초점을 맞추어 왔다. 그러나 최근 아동에게 저항 운동이 안전하고 효과적이라는 자료와 증거가 제시되고 있다.

또한 이전에는 저항 운동이 아동의 성장판에 영향을 주거나 성장을 방해한다는 주장 때문에 아동이 저항 운동에 참여하는 것을 권장하지 않았다. 그러나 최근에는 근력 유지나 강화를 위해 규칙적인 신체활동에 참여하는 아동의 수가 증가하고 있다. 최근 연구에서 보면 저항 운동 프로그램이 사춘기 이전 아동의 성장을 저해한다는 어떠한 증거도 발견되지 않았고, 오늘날까지 아동을 대상으로 한 연구에서 성장판 손상에 관한 자료는 보고된 바 없다. 그러나 올바르게 확립된 훈련 지침이 함께 수행되지 않는다면 저항 운동으로 인한 사고가 일어날 가능성은 있다.

많은 연구에서 8~12주간의 짧은 기간에 근력 운동을 규칙적으로 실시한 아동은 30~40%의 근력 향상을 보였다. 또한 인슐린 의존성 당뇨, 비만한 아동들이 저항 운동에 참여했을 때 골밀도의 증가, 신체 구성의 개선, 심폐기능의 강화, 운동 수행 능력의 발달, 높은 혈중 지질의 감소를 가져왔다.

〈표 3-4〉 비만 정도에 따른 운동의 종류

표준 체중의 150% 미만, 체질량지수 85~95 백분위수	체중이 부하되는 운동 -빠르게 걷기(속보), 러닝머신 걷기, 계단 오르기, 야외 스포츠, 롤러블레이드(인라인), 배드민턴, 수영, 댄스, 에어로빅 체조, 술래잡기, 탁구
표준 체중의 150~200%, 체질량지수 95~97 백분위수	비교적 체중이 부하되지 않는 운동 -수영, 고정 자전거, 팔을 이용한 에어로빅체조, 누워서 자전거 타기, 보통 속도로 걷기, 수중 운동
표준 체중의 200% 이상, 체질량지수 97 백분위수 이상	체중이 부하되지 않는 운동 -운동 전문가에 의한 훈련과 지도 필요 -수영, 누워서 자전거 타기, 팔자전거, 앉아서 하는 스트레칭, 맨손 체조, 수중 운동, 느리게 걷기(산책)

출처: 대한비만학회 소아비만위원회 편(2006). 소아·청소년 비만 관리 지침서. 청운, p. 57.

(4) 운동 지속 시간의 설정

일반적으로 운동의 지속 시간은 운동 강도와 관련이 있다. 운동 강도가 낮은 운동을 선택하면 목표로 하는 에너지를 소비하기 위해 장시간 계속해야 하고, 운동 강도가 높은 운동을 선택하면 단시간에 끝나지만 운동에 의한 부상 및 상해가 유발되기 쉽다. 운동의 시작 단계에서는 목표 에너지 소비에 너무 구애받지 말고, 아동이 즐겁게 몸을 움직이도록 이끌어 주는 것이 중요하다.

운동 시간은 목표하는 에너지 소비를 달성하는 데 매우 중요한 요소로서 운동 초기 단계에서는 운동 강도보다는 운동 시간을 점차적으로 늘리는 것이 필요하다. 운동을 처음 시작할 때는 약한 운동 강도로 20~30분 정도 실시하는 것이 좋으며, 점점 시간을 늘려 4~6주가 지나서 30~50분 정도 운동을 지속할 수 있게 되면 운동 강도를 점차 높인다. 그래서 중등도의 운동 20~30분, 강한 운동 15~20분을 섞어 실시하는 것도 흥미를 유발하는 데 좋다.

1시간 이내의 운동은 소화력이 감소하고 장운동이 활발해져서 음식물의 장내 지체 시간이 줄어들면서 영양소 흡수 시간을 단축시킨다. 반면에 운동을 1시간 이상 하면 식욕이 증가하여 식사량이 늘어나고, 2시간 이상의 운동은 운동으로 소비된 것 이상으로 식욕이 증가하게 되어 운동을 하여도 체중이 줄어들지 않는다. 그러므로 운동 시간은 30분~1시간 이내로 하고 자신의 체력에 맞는 운동을 한다면 쉽게 비만에서 벗어날 수 있다.

운동 실시 후 1개월 동안은 준비 운동 15분, 본 운동 5~10분, 마무리 운동 10분 등 총 30분 정도로 한다. 그 후 2~6개월은 경과를 보면서 운동 강도를 서서히 높여 본 운동을 10~20분 지속한다. 6개월 이상이 되면 본 운동을 20~30분 지속한다. 이 경우 준비 운동, 마무리 운동을 포함한 총 운동 시간은 약 60분으로 설정한다.

(5) 운동의 빈도

운동은 규칙적이고 지속적으로 실시해야 하지만 얼마나 자주 하느냐에 따라서 그 효과가 달라질 수 있다. 운동 빈도란 일반적으로 주당 며칠 운동하느냐에 관한 것으로서, 각 개인의 건강과 체력 수준 그리고 개인이 처한 상황에 따라 달라진다. 최대 운동 능력이 5~8 METs인 정상 성인의 경우, 최소한 일주일에 3회 정도는 운동을 실시해야 심폐지구력이나 근력의 향상을 꾀할 수 있다. 이런 권장 내용은 이들이 주당 1~2일 운동했을 때 향상되는 것보다 3~5일 운동했을 때 효과가 두드러졌기 때문이다.

예를 들어, 주당 3일 운동을 하는 경우에는 월요일, 수요일, 금요일 혹은 화요일, 목요일, 토요일의 격일제로 하며, 주당 4일 운동을 하는 경우에는 월요일, 화요일, 목요일, 금요일 혹은 월요일, 수요일, 목요일, 토요일과 같이 실시하면 된다. 운동을 연이어 실시하지 않는 이유는 운동 후 회복기를 가짐으로써 근육의 통증과 피로감을 줄이고 운동 상해를 예방하기 위함이다. 이에 관한 예로서 Pollock이 수행한 연구에 따르면 조깅을 처음 시작한 사람이 주당 3일 이상 운동했을 때 발목, 팔꿈치, 무릎관절의 손상이 현저하게 발생했다고 한다. 또한 이들이 주당 5일 운동을 하였더니 주당 3일보다 상해 발생률이 세 배나 증가하였다. 이처럼 과사용(overuse)에 따른 상해 발생 위험을 줄이는 것이 운동 빈도 설정의 요점이다. 그런데 착실한 운동 참여로 체력 수준이 향상되면 주당 5일 정도 운동을 실시해야만 지속적인 체력의 향상이 나타난다. 운동 빈도를 5일 이상 할 경우에는 체중 운동(weight bearing exercise: 걷기, 달리기, 웨이트 트레이닝)과 무체중 운동(nonweight bearing exercise: 수영, 자전거 타기, 수중 체조)을 번갈아서 실시하는 것이 바람직하다.

(6) 운동의 빈도와 효과 및 피로와의 관계

일주일에 한 번 운동할 경우 운동 효과는 다음 운동까지 지속되지 않으며 매번 운동할 때마다 신체 각 부분의 근육통과 피로가 발생한다. 특히 운동 후 1~3일 동안은 신체 상태가 좋지 않다. 또한 주 1회의 운동으로는 운동습관을 형성하지 못하므로 상해가 발생하기 쉽다. 따라서 주 1회의 운동으로는 효과를 기대할 수 없다. 3일에 한 번씩 몇 주 동안 운동을 진행하면 피로가 감소하고 근육통도 서서히 줄어든다.

2일에 한 번씩 행하는 주 3회의 격일 운동은 처음에는 근육의 통증과 피로가 심하다. 그러나 운동을 실시하면서 처음에 느꼈던 운동으로 인한 통증과 피로가 현저히 감소하므로 운동의 효과가 충분히 축적된다. 이와 같이 주 3회의 운동이 최소한으로 요청되며 주 4~5회로 빈도를 높이면 효과가 점차 커진다. 운동은 매일 하는 것이 효과 측면에서는 좋으나 운동이 습관화되지 않은 상태에서는 지양하는 것이 좋다. 그러나 가벼운 운동일 때는 매일 하는 것이 좋다.

운동의 빈도는 매일 실시하는 것이 가장 좋고, 일반적으로는 주 3~5회 이상 규칙적으로 해야 한다. 주 3회 이상이라도 4일을 연속 운동하고, 3일을 쉬는 것은 바람직하지 못하며 중간에 휴식일을 두는 것이 운동으로 인한 피로의 회복에 도움이 되고 근육이나 신체에 무리를 주지 않는다. 성인의 경우 유산소 운동 능력을 향상시키려면 주 3회 이상 운동해야 한다.

학령기 아동의 경우 체육수업이 주 2회 정도 있기 때문에 여름 방학이나 겨울 방학을 제외하고는 체육수업에 참가해 주 1회 이상의 운동습관을 가질 수 있으므로 운동에 의한 효과를 기대할 수 있다. 보통 음식 섭취 후 운동을 하는 경우는 음식물의 소화·흡수를 고려하여 식후 1시간 이내는 피하는 것이 좋다.

〈표 3-5〉 생활활동 강도별 에너지 및 지방, 단백질의 소모량

활동 강도별 에너지 소모량(kcal/day)									지방 소모량	단백질 소모량 (g/day)	
	활동 강도								지방 에너지 비율 (%)		
연령(세)	I (낮음)		II(약간 낮음)		III(적당함)		IV (높음)			남자	여자
	남자	여자	남자	여자	남자	여자	남자	여자			
0~(개월)	110~120kcal/kg								45	2.6/kg	
6~(개월)	100kcal/kg								30~40	2.7/kg	
1~2	—	—	1,050	1,050	1,200	1,200	—	—	25~30	35	
3~5	—	—	1,350	1,300	1,550	1,500	—	—		45	
6~8	—	—	1,650	1,500	1,900	1,700	—	—		60	55
9~11	—	—	1,950	1,750	2,250	2,050	—	—		75	65
12~14	—	—	2,200	2,000	2,550	2,300	—	—		85	70
15~17	2,100	1,700	2,400	1,950	2,750	2,200	3,050	2,500		80	65
18~29	2,000	1,550	2,300	1,800	2,650	2,050	2,950	2,300	20~25	70	55
30~49	1,950	1,500	2,250	1,750	2,550	2,000	2,850	2,200		70	55
50~69	1,750	1,450	2,000	1,650	2,300	1,900	2,550	2,100		65	55
70 이상	1,600	1,300	1,850	1,500	2,050	1,700	—	—		65	55
임부	+350kcal								20~30	+10g	
수유부	+600kcal								20~30	+20g	

출처: 서병규 역(2007). 소아 비만증 클리닉. 신흥메드 사이언스, p. 65.

(7) 아동 운동 프로그램 수행 시 주의사항

① 먼저 아동 특성에 맞도록 운동 프로그램을 구성한다.

② 현실적인 목표를 세우고 천천히 시작한다. 처음부터 강한 운동은 오히려 위험할 수 있다. 처음에는 5분이나 10분간의 짧은 시간이라도 운동에 시간을 할애하도록 한다.

③ 조금씩 운동하는 시간을 늘린다.

④ 반드시 준비 운동과 정리 운동을 하고, 스트레칭을 할 때는 너무 강하게 하여 근육이 상하지 않도록 한다.

⑤ 되도록 충격이 심한 운동은 피한다. 소아기는 뼈의 성장이 계속되는 시기이므로 뼈나 관절에 심한 충격을 주는 운동이나 과도한 중량 운동은 피하는 것이 좋다.

⑥ 휴식 시간을 자주 갖는다. 아동의 근육은 약하고 뼈에 견고하게 부착되어 있지 않기 때문에 쉽게 피로해지지만 피로에서의 회복은 빠르다. 따라서 아동의 근육활동은 휴식 시간을 자주 갖고 신체활동에 변화를 주는 것이 좋다.

⑦ 안전에 주의한다. 아동은 넓은 곳에서 노는 운동을 좋아하지만 자신을 통제하는 능력이 부족하므로 운동 시 항상 안전에 주의해야 한다. 운동 중 상해를 예방할 수 있는 적절한 보호장비의 착용, 완화된 규칙의 적용 등으로 부담을 줄여 주는 것이 좋다.

⑧ 비만한 아동들은 비만 특별 프로그램을 적용한다. 비만 아동을 일반 아동의 운동 프로그램에 포함시켜서는 곤란하며, 운동 초기에는 비만 아동을 위한 특별 프로그램을 계획하여 적용하는 것이 좋다.

⑨ 적절한 보상을 반드시 해 준다. 가족들이 함께 운동에 참여하는 것이 바람직하며, 목표에 도달했을 때는 어떤 형태로든 보상을 해 주면 다음 단계에 격려가 될 수 있다.

(8) 적절한 운동 종목 선택 요령

아동이 무엇에 관심을 갖는지 찾아본다.

① 물을 좋아한다.
   - 수영, 수영장에서 물놀이 등

② 공을 좋아한다.

　－탱탱볼을 이용해서 차기, 던지기, 받기 등

③ 놀이기구를 좋아한다.

　－실내놀이터, 실외놀이터 등

④ 타는 것을 좋아한다.

　－자전거, 인라인스케이트, 스카이씽씽 등

⑤ 집에서 노는 것을 좋아한다.

　－침대 위에서 뛰기, 이불 위에서 구르기, 고무줄넘기, 풍선놀이,

　　매달리기 등

⑥ 동물이나 만화, 어린이 프로그램을 좋아한다.

　－동물 흉내 내기, 텔레비전 따라하기, 몸으로 글자모양 만들기 등

⑦ 친구들을 좋아한다.

　－주변의 친구들과 시간을 맞추어서 놀이 공간만 만들어 주면 알아

　　서 논다.

(9) 운동이 익숙하지 않은 중등도 비만 아동을 위한 운동 처방의 예

• 운동 목표: 운동에 흥미를 갖지 못하는 아동에게 운동의 재미를 느끼

　게 해 주고 운동이 힘든 것이 아니라는 것을 깨닫게 해 준다.

• 운동 시간: 30분

• 준비물: 물을 담은 페트병 2개, 배구공 또는 축구공

① 준비 운동－5분

가볍게 운동장 걷기와 스트레칭

② 몸풀기 체력 운동-5분

- 페트병을 10m 간격으로 세우고 왕복달리기를 한다.
- 앞으로 뛰기 → 뒤로 뛰기 → 오른쪽 옆으로 뛰기 → 왼쪽 옆으로 뛰기
- 손으로 공 드리블하며 뛰기 → 발로 공 드리블하며 뛰기

③ 1분간 휴식(앉지 말고 천천히 걸으면서 동적인 휴식)

- 물을 한 모금 마신다.

④ 게임-15분(휴식 시간 포함)

- 페트병을 양쪽에 10m 거리로 세우고 공으로 맞혀 넘어뜨린다.
- 시간을 정해 놓고 많이 넘어뜨리는 사람이 이긴다.
- 전반 5분, 후반 5분으로 나누어서 10분간 실시한다.
- 체력이 좋아지면 쿼터제로 하여 4회 실시한다.
- 넘어뜨리는 방법은 축구를 좋아하면 발로, 축구에 익숙하지 않으면 손으로 한다.

⇨ 주의사항
- 너무 넓지 않은 공간에서 해야 한다.
- 공간이 넓으면 게임하는 시간보다 공을 줍는 시간이 더 많이 걸려 흥미를 잃을 수 있다.
- 가능하면 1, 2점 차의 간발의 차이로 아동이 이기도록 게임 점수를 조절한다.

⑤ 정리 운동-5분

운동장을 한 바퀴 걷고 준비 운동에서 했던 스트레칭을 다시 한 번 실시한다.

 3 영양 요법

소아 비만은 성인 비만과 달리 성장기에 있다. 그러므로 체중 감량이 필요한 경우에 에너지 섭취량을 극단적으로 제한하는 것은 오히려 부정적으로 작용할 수 있다. 만일 경도 비만아라면 에너지 섭취량을 제한하지 않고, 식습관이나 신체활동 등 생활습관을 개선하도록 하는 것이 좋다. 소아 비만 치료의 원칙에는 성장·발달을 방해하지 않을 것, 비만도의 완화에 중점을 둘 것, 가족의 협력을 중시할 것, 지도 내용이 알기 쉬울 것 등이 제시된다.

일반적으로 1세 미만 아동에게는 에너지 섭취를 제한하지 않으며, 탄수화물과 간식을 너무 많이 먹지 않게 하고 신체활동을 장려한다. 유아기에는 비만아 본인뿐만 아니라 부모도 비만 치료의 필요성을 자각하지 못하는 경우가 많다. 이때는 편식을 바로잡고 간식도 1회의 식사로 간주하여 지도하며, 학령기에는 비만도의 경중에 따라 식사 요법도 다르게 적용한다. 사춘기 비만아의 영양 배분은 유아와 학령기 아동과 같이 탄수화물을 줄이고 저에너지식으로 한다(500~1,500kcal/day). 이 시기에는 지방간이나 고지혈증 등 비만증도 자주 나타난다.

1) 식사 요법

아동에게 무조건 식사를 제한하기보다는 먹은 만큼 운동하도록 해야 하며, 식사 시 단백질의 필요량은 충분히 보충하고 균형 잡힌 식사를 하도록 한다. 소아 비만의 경우 성인 비만과 달라서 성장이 빠른 아동의 경우 심한 열량 제한을 할 경우 단백질, 미네랄, 비타민 등 필수 영양소의 부족으로 성장과 발육이 저해될 수 있다. 표준 체중의 130% 정도의 경도 비만의 경우 현 체중만 유지하더라도 신장은 매년 약 5cm씩 크기 때문에 비만이 치료될 수 있다.

아동 비만의 치료에서는 체중 유지나 단계적인 체중 감량이 권장되기 때문에 체중의 변화만 지나치게 강조하기보다는 음식의 선택 방법에 대한 교육에 중점을 두어야 한다. 일반 식사보다는 주위에서 흔히 접하는 햄버거, 피자, 프라이드 치킨 등 고칼로리 음식의 과다 섭취 때문에 비만이 발생하므로 비만 예방 차원에서 학교와 가정에서 올바른 균형식 섭취의 필요성을 강조하는 교육이 필요하다.

(1) 식사 일기의 활용

식사 일기는 식이 섭취량과 섭취한 식품군이 적절한지와 식사의 규칙성, 식사 태도를 평가하기 위한 자료로 사용하고 문제가 파악되면 그것을 행동 수정의 목표로 설정한다. 또한 외식 시 특정 음식을 자주 선택하는 경향이 파악되면, 대체 음식을 섭취한다거나 해당 음식의 열량을 알아오도록 하는 등 문제해결을 위한 방법을 제시한다. 만약 식사 일기를 매일 기록하는 것이 부담이 될 경우 주말을 포함하여 일주일에 3회 정도 기록하게 한다.

(2) 고열량 음식의 제한

음식 섭취를 통하여 에너지를 줄이는 가장 좋은 방법은, 영양 밀도는 낮고 에너지 밀도가 높은 청량음료, 감자칩, 과자, 케이크 등을 줄이는 것이다. 전곡류, 두류, 견과류, 과일, 채소 등은 에너지 밀도는 낮으면서 여러 가지 미량 영양소와 식이섬유를 많이 함유하고 있으며, 부피가 커서 섭취 후에 포만감을 준다. 일반적으로 내적인 신호보다 시각적인 신호에 영향을 받아서 식품 섭취량이 달라지는 경우가 많다. 예를 들어, 1회 분량(serving size)이 커지면 섭취량이 증가되므로 1회 섭취량(portion size)을 적당하게 하는 것이 중요하다. 1회 섭취량을 10~15%만 감소시켜도 하루에 300kcal 정도를 줄일 수 있다고 한다.

(3) 균형 있는 식이 처방

연령, 성장 상태, 질병 유무에 따른 식이 처방이 필요하다. 일반적으로 균형잡힌 저열량식은 전체 열량 중에 단백질이 20%, 지방이 25%, 탄수화물이 55% 정도를 차지한다. 식이 처방은 아동의 현재 식습관 및 생활 환경, 신체 조건에 대한 충분한 검토 후에 마련되어야 한다. 고도 비만아의 경우에는 열량 제한이 필요한 경우도 있다.

미취학 아동의 경우, 1970년대부터 2003년까지 전체적인 에너지 섭취량에 큰 변화는 없었으며 오히려 다소 감소하는 경향을 보이기도 하였다. 탄수화물 : 단백질 : 지질의 에너지 섭취 공급 비율을 살펴보면, 60~65 : 15~20 : 15~20으로 비교적 이상적인 에너지 공급을 보여 주고 있다. 그러나 최근 유아원 어린이의 영양소 섭취량을 조사한 연구에서는 72~75 : 10~11 : 12~16으로 탄수화물이 차지하는 비율이 높은 반면, 단백질이 차지하는 비율이 낮았다.

(4) 세 끼 식사의 중요성

최근 국민건강 실태조사에 따르면 우리 국민의 47%가 불규칙적인 식사를 하며, 평상시 하루 세 끼 식사를 규칙적으로 하고 있는 사람은 절반 정도에 지나지 않는다고 한다. 불규칙한 식사의 원인으로는 활동량의 감소로 인한 소비 에너지 감소, 간식을 손쉽게 접할 수 있는 환경 등이 있다. 일반적으로 한 끼를 거르게 되면 다음 끼니에 더 많이 먹는다. 반복적으로 식사를 거르다 보면 우리 몸이 에너지를 저장하려는 쪽으로 반응하기 때문에 적게 먹어도 체지방이 쉽게 비축되고 이러한 현상이 반복되면 비만이 촉진된다.

(5) 야식의 문제점

아침, 점심 식사로 얻어지는 에너지는 낮 동안 활동을 위해 쓰이므로 체지방으로 거의 바뀌지 않지만 칼로리 높은 저녁 식사를 하게 되면 초과된 열량이 잠든 사이 체지방으로 축적된다. 최근 미국의 비만학자들은 야식과 비만과의 상관관계 연구에서 야식 증후군을 '저녁 7시 이후 식사량이 하루 전체의 50%를 차지하는 경우'로 정의하였으며, 비만환자 중 42%가 야식 증후군을 가진 것으로 보고하였다. 미래의 질병으로 불리는 야식 증후군이 있는 사람은 밤 시간에 활동량이 적어지고 인슐린 저항성이 발생하여 체내 에너지 대사에서 여분의 에너지가 체지방으로 축적하려는 경향이 커진다.

최근 연구에서는 식품의 종류 및 식사량의 변화가 아동의 체중 감량에 중요하다는 사실을 입증했다(Goldfield, Raynor, Epstein, 2002; Faith et al., 2000). 체중 감량은 에너지 소비가 에너지 섭취를 초과할 때 일어나는데 이는 칼로리와 지방 섭취를 줄이는 동시에 영양가를 높이면서 유지되어야 한다. 즉, 육류나 생선, 가금류로 구성된 PSMF(protein sparing modified fast) 요법, 스탑라이트(stoplight) 다이어트(Epstein & Squires, 1988), USDA 식품 가이드에 기초한 것 등은 아동의 체중 감량에 긍정적인 영향을 준다(Faith et al., 2001).

비만 아동 전문가는 점차적으로 칼로리 섭취를 줄이더라도 FDA의 영양 권장량은 지켜야 한다고 강조하였다(Barlow & Dietz, 1998). 행동 요법(약속, 자극 제어, 특별한 식이 계획)은 비만 치료에 중요하며, 자기 감시는 아동의 식습관의 인식을 높이기 위해 꼭 필요하다. 1일 열량은 1,100~1,400kcal의 범위에서 지방 섭취를 줄이고, 건강에 나쁜 음식을 좋은 음식으로 대체하면서 부정적인 에너지 균형을 수정한다.

〈표 3-6〉 비만인 유아와 학령기 아동의 영양 배분

영양소	보통식	소아 비만식
탄수화물	60~65%	40~50%
단백질	15%	20%
지방	20~25%	30~40%

※ 5세 이상은 연령에 해당하는 칼로리의 20~25%를 제한한다. 또는 신장에 대한 표준 체중 1kg당 60kcal로 한다.

출처: 서병규 역(2007). 소아 비만증 클리닉. 신흥메드 사이언스, p. 68.

2) 비만 아동을 위한 영양 관리 프로그램

소아의 경우는 체중의 감량보다 비만도를 줄이도록 한다. 경도 비만 아동의 경우 현재의 체중을 유지해도 매년 신장이 증가함에 따라 비만도가 쉽게 정상으로 유지될 수 있다. 제한된 에너지에 따른 식사 요법은 식단 작성을 하는 데 번거롭고 지속적으로 수행하기 어려우므로 올바른 영양교육을 통해 잘못된 식습관을 고치고, 체중 조절에 도움이 되는 식품의 선택과 섭취를 할 수 있도록 하는 것이 더 효과적이다. 비만 아동을 위한 영양 관리 프로그램으로는 영양교육, 식습관 교정, 식사 요법, 식사 일기 등이 있다.

(1) 영양교육

우리 몸이 정상적으로 성장하고 건강을 유지하기 위해서는 영양소가 필요하다. 필수 영양소에는 탄수화물, 단백질, 지방, 무기질, 비타민 및 물 등 6종류가 있으며 이러한 영양소의 균형 있고 적절한 섭취가 필요하다. 단백질과 무기질은 몸의 구성성분이며 지방, 탄수화물 그리고 단백질은 에너지원으로 이용된다. 비타민과 무기질은 몸의 각 기능을 조절하는 데 사용된다. 비만을 치료하기 위해 영양교육을 할 때 부모가 영양적 지식을 이해하는 것도 중요하지만 아동에게 직접 우리 몸이 필요로 하는 영양소에 대해서 지도하면 더욱 큰 도움이 된다. 이때 영양소에 대한 명칭이 아동에게는 낯설고 어렵게 느껴질 수 있으므로 '영양소 나라 신호등'을 이용하여 교육하면 쉽게 이해시킬 수 있다.

(2) 식습관 교정

잘못된 식습관은 비만의 중요한 원인 중의 하나다. 최근 초등학생을 대상으로 한 연구를 보면 폭식, 불규칙한 식사 시간과 식사량, 패스트푸드와 과자류를 즐기는 것이 문제점으로 지적되고 있다. 또한 텔레비전을 시청하면서 간식류를 먹는 경우와 밤늦게 야식을 먹는 경우도 비만을 증가시키는 요인이다. 중·고등학생의 경우 아침을 안 먹으면 살이 빠질 것으로 생각하여 굶는 경우가 있는데 아침을 안 먹으면 두뇌 활동에 필요한 영양소를 우리 몸에서 얻을 수 없으므로 학습 능력이 떨어질 수 있다. 또한 음식을 너무 빨리 먹으면 포만감을 느끼기도 전에 식사를 끝내게 되어 대부분 포만감을 느낄 수 있는 양보다 더 많이 먹는다. 같은 양의 음식도 낮보다 밤에 먹으면 비만이 되기 쉽다. 따라서 자신의 식습관을 알아보고 비만을 유발하는 식습관을 고치도록 노력하면 비만 상태를 개선할 수 있다.

◥ 엄마가 실천하는 바람직한 식습관

- 가족 모두가 한자리에 앉아 식사를 하도록 계획한다.
- 식사 및 음식물을 먹는 장소를 정해 두고 다른 장소에서는 먹지 않도록 한다.
- 인스턴트나 냉동식품의 이용을 줄이고 천천히 시간을 가지고 조리한다.
- 식탁에서는 즐거운 대화를 하며 식사를 천천히 하도록 한다.
- 늦은 시간에 저녁을 먹지 않도록 한다.

(3) 식사 요법

비만을 예방하기 위한 방법 중에 금식이나 절식 요법이 있다. 이러한 방법은 장기적으로 보면 체중 조절의 성과를 거두기가 힘들고 대상자가 좌절을 경험하는 경우가 많다. 또한 체중 감량 시 지방 성분 외에 단백질, 수분 및 근육의 감소를 초래하는 등의 문제가 생길 수 있다. 성장기에는 무리한 에너지 제한이 발육을 저해할 수 있으므로 주의해야 한다. 소아는 성장과정에 따라 에너지 및 영양소 필요량이 달라지므로 성인에 비해 식사 요법을 시행하기 어렵다. 성장을 위한 충분한 영양 공급이 필요하기 때문에 비만 조절을 위한 영양 요구량을 개인별로 고려해야 한다.

경도 비만아는 체중 감량을 목표로 식사를 제한할 필요는 없고, 중등도 이상의 비만아는 체중 감량을 위한 식사 요법을 6~12개월에 걸쳐 서서히 시행한다. 1일 필요 에너지 중 250~500kcal를 줄이면 한 달에 1~2kg의 체중이 감소하고 6개월 내에 10%의 체중 감량이 가능해진다. 체중 감량 후에 체중 유지 프로그램이 잘 지켜지지 않으면 체중이 다시 증가하게 되므로 주의하여야 한다. 총 에너지의 20%를 단백질로, 25%를 지방으로 그리고 55%를 탄수화물로 섭취하도록 한다. 너무 지나치고 엄격한 에너지 제한은 스트레스를 야기할 수 있으므로 바람직하지 않다. 음식 섭취 시 얼마만큼의 양을 먹느냐보다 어떤 음식을 어떻게 먹느냐가 더 중요하다. 또한 소아는 스스로 식사를 준비하거나 선택하기 어려우므로 부모님의 도움과 협조가 절실히 요구된다.

(4) 식사 일기

매일 일기를 쓰듯이 자신이 먹은 음식의 종류와 양을 식사 일기에 기록하면 스스로 자신을 감시할 수 있고 균형된 식사에 대한 평가도 해 볼 수 있다. 또한 어린아이의 경우 자신이 먹은 음식이 어떤 영양소 나라인지 알아보고 함께 기록해 보면 어느 나라 영양소를 많이 먹었는지 알 수 있다.

〈표 3-7〉 소아 비만 경중에 따른 식사 요법

1. 평상시의 식사 요법
   연령, 신장, 생활습관에 따른 적절한 에너지나 영양 섭취의 확립을 목적으로 한다. 비만아인 경우, 일반적인 식사 요법을 실시하면 정상의 체중 증가와 성장은 있어도 체중은 종종 변화하지 않는다. 이것은 비만아의 에너지 수요가 일반적인 권장 평균을 넘기고 있기 때문이다.

2. 저에너지 식사 요법(BLCD; balanced low-calorie diet)
   많은 연구에 의하면 보통사람들의 권장 영양 소비량의 2/3 정도로 설정한다.
   예) 학령기의 경우

총에너지	연령별 에너지 소비량의 65%
단백질	총 에너지의 20%
지방	총 에너지의 30%
탄수화물	총 에너지의 50%

P/S비	1.0~1.2(P/S비: 다가불포화지방산/포화지방산의 비)
식물섬유	15~20g/day

3. 초저에너지 식사 요법(VLCD; very−low−calorie diet)

　66%의 단백질, 24%의 지방, 10%의 탄수화물로 구성되며, PSMF(protein− sparing modified fast)라고도 부른다.

　예) 액체의 포뮬러 다이어트(상품명 옵티패스트)

총에너지	420kcal
단백질	70g
탄수화물	30g
지방	2g(비타민 A, B_1, B_{12}, C, D 함유)

출처: 서병규 역(2007). 소아 비만증 클리닉. 신흥메드 사이언스, p. 69.

4 심리 요법

1) 체중 감량에서 신체 이미지의 역할

　신체 이미지란 자신의 외모에 대한 지각과 태도를 의미한다. 이것은 주관적이며 일반적으로 비만인 사람들은 보통 사람들이 판단하는 것보다 훨씬 부정적으로 인식하는 경향이 있다. 오늘날 서구사회든 동양사회든 과체중이거나 비만인 사람들은 자신들의 외모에 대한 열등의식을 가지고 있으며 이것은 특히 많은 사람들이 자신의 몸무게를 줄이려는 강한 이유이기도 하다. 이들은 체중 감량이 외모와 호감도를 개선시키고 자신의 이미지가 타인에게 좋아질 것이라고 믿는다(Rosen, 2002).

　특히 신체 이미지에서 부정적인 관점을 가지고 있는 사람들은 체중을 줄이려는 목표를 설정할 때 목표를 낮추어 설정하며, 프로그램이 끝난 후 체중 감량 프로그램에 참여했음에도 불구하고 과체중 상태면 매우 불만족스러워한다. 이렇게 자신의 신체 이미지에 대해서 왜곡된 관점을 가질 경우 현실적인 체중 감량 정도를 인식하는 데 장애가 되는 것은 물론이고 앞으로 체중 감량을 포기하는 경우도 발생할 수 있다. 신체 이미지의 문제는 물론 개인의 주관적인 인식 문제이기 때문에 체중 감량 그 자체는 신체 이미지에 대한 모든 문제를 해결해 주지는 못하지만 개인에 따라 이 문제가 매우 중요한 문제로 부각될 수 있는 여지가 얼마든지 있다.

어떤 비만한 개인은 자신의 체중 감량을 과소평가하는 경우도 있으며 이러한 이유가 체중 유지를 하거나 감소하는 데 많은 문제점으로 남기도 한다(Cooper & Fairburn, 2002). 그러나 체중 감량은 신체 이미지의 문제를 개선하는 데 반드시 필요한 것은 아니다. 비만한 사람 중에도 인지행동적인 요법을 통해서 체중을 줄이지 않고도 기존에 문제가 되던 외모에 대한 편견을 고친 사례들이 있다(Rosen, Orosan, & Reiter, 1995). 그러므로 신체 이미지 문제는 비만 문제가 있는 사람들의 개별적인 사안에 따라 고려되어야 한다.

이러한 신체 이미지의 문제를 다룰 때 개인이 가지고 있는 신체 이미지의 문제를 평가하고 개인이 스스로의 목표와 자기 이미지에 변화를 시도하여 성공하려면 충분한 시간이 필요하므로 이들 관계 영역을 동시적으로 상당 기간 다루어 나가야 한다. 신체 이미지 문제를 다루기 위해서는 체중 감량에 대한 프로그램이 열리고 안정화 단계에 있을 때 시작하는 것이 바람직하다. 일반적으로 이 문제는 치료의 중간 단계부터 시작하는 것이 바람직한데, 이때 치료자는 신체 이미지를 다루려고 하는 이유를 내담자에게 설명해 주어야 한다.

◥ 신체 이미지와 외모

신체 이미지는 개인의 외모와는 다른 개념으로 내담자가 스스로 연상

하거나 떠오르는 자신에 관련된 마음속의 그림을 말한다. 다시 말해 자신의 몸에 관해 어떻게 지각하는가의 문제다.

- 객관적으로 뚱뚱하지 않은데도 뚱뚱하다고 인식한다.
- 객관적으로 외모에 대한 결함이 없는데도 특정 신체 부위에 대해서 지나치게 신경을 쓴다.
- 과체중인데도 몸매에 전혀 신경을 쓰지 않는다.

이러한 경우 상담자는 대부분의 사람들이 자기 자신의 외모 중 적어도 한두 가지 문제는 신경을 쓰고 있으며 기회가 되면 바꾸고 싶어 한다는 것을 설명해 주는 것이 좋다. 이러한 불평은 자신에 대한 전체적인 평가에서는 별 영향을 주지 않으며 사회생활이나 일에 대한 능률적인 해결에서도 그다지 영향을 주지 않는다는 것을 주지시킨다. 그러나 문제가 되는 사람들에게는 신체 이미지가 자신에 대한 전체적인 평가에 영향을 끼칠 뿐만 아니라 일상생활에 막대한 피해가 되기도 한다.

2) 신체 이미지의 평가와 활용

(1) 신체 이미지와 평가

신체 이미지 문제를 다루는 첫 번째 단계는 신체 이미지에 대한 평가를 하는 것이다. 이를 위해 신체 이미지 체크리스트를 작성하여 과제물 형태로 상담시간에 활용할 수 있다. 특히 자신의 외모 때문에 심한 고통을 겪는 사람이라면 상담자와 더불어 이 체크리스트를 작성할 수 있다. 이 자료는 내담자와 특정 문제에 대한 자료를 검토하고 일치된 의견을 도출하는 데 매우 중요한 역할을 한다. 이때 상담자는 공감적이며 수용적인 자세를 견지하는 것이 매우 중요하다.

신체 이미지 체크리스트

아래 내용은 지난 4주 동안 자신이 경험한 일들을 묻는 문항입니다.
해당란에 표시해 주세요.

회피 평가

㉠ 거울이나 창문에 비친 내 모습을 보려 하지 않는다.

㉡ 체중을 재고 싶지 않다.

㉢ 신체를 감추려고 옷을 입어 본 적이 있다.

㉣ 다른 사람이 내 몸을 보는 장소를 의도적으로 피한다.

㉤ 외모 때문에 외부 활동을 피한 적이 있다.

㉥ 옷 쇼핑을 의도적으로 피한 적이 있다.

㉦ 집에서도 신체를 가리기 위해 옷을 입은 적이 있다.

㉧ 몸매가 드러나는 옷을 피한 적이 있다.

㉨ 외모 때문에 신체 접촉을 피한 적이 있다.

㉩ 살이 드러나는 옷을 일부러 피한 적이 있다.

㉪ 외모로 인해 다른 사람을 만나는 것을 피한 적이 있다.

신체 점검 평가

㉠ 거울이나 창문을 통해 내 몸 전체를 살펴본 적이 있다.

㉡ 거울로 내 신체 일부분을 점검한 적이 있다.

㉢ 몸무게를 잰 적이 있다.

㉣ 신체 부위의 치수를 잰 적이 있다.

㉤ 내 몸에 지방이 어느 정도 있는지 살펴보려고 손으로 살을 집어 본 적이
   있다.

전반적 평가

㉠ 체형 때문에 불행하다고 생각한 적이 있다.

㉡ 몸의 특정 부위 때문에 고민한 적이 있다.

㉢ 살이 출렁거리는 게 싫은 적이 있다.

㉣ 다른 사람 앞에서 내 몸 때문에 부끄럽고 당혹스러웠던 적이 있다.

㉤ 다른 사람이 내 외모에 신경을 쓰는 것처럼 생각된 적이 있다.

㉥ 내 신체가 역겹다고 생각한 적이 있다.

㉦ 내 외모를 놓고 다른 사람이 흉볼 것이라고 생각한 적이 있다.

㉧ 내가 자리를 앉을 때 너무 많이 차지하는 것 아닌가라고 생각한 적이 있다.

㉨ 내 외모를 다른 사람에게 확인받고자 한 적이 있다.

㉩ 사람들이 나의 외모에 대해 흉본 적이 있다.

이 체크리스트의 목적은 내담자가 외모와 자기 자신을 받아들이는 것을 돕는 데 있다. 이는 새로운 체중과 체형을 수용하지 못하는 사람은 체중을 감량, 유지하는 데 어려움을 겪을 가능성이 크기 때문이다. 평가가 끝나고 내담자가 신체 이미지에 특별한 문제를 보이지 않을 경우는 신체 이미지 단계를 생략할 수 있다.

(2) 신체 이미지와 교육

신체 이미지 교육에서 세 가지 주요 이슈는 부정적 신체 이미지가 어떻게 시작되며 이것이 어떻게 지속되고, 이를 교정하기 위해서 어떻게 해야 하는가다. 첫째, 부정적 신체 이미지의 시작은 무엇보다 사회생활을 하는 가운데 외부의 압력으로부터 온다. 사회적 압력이란 신체적 매력을 갖기 위해서는 사회적 기준을 따르게 되고 따라서 이것이 압력으로 작용하는 경우다. 오늘날 서구사회나 우리 사회나 할 것 없이 여성의 경우 마르고 조화된 몸매가 요구되며 남성의 경우도 큰 키와 잘 다듬어진 근육질의 몸매가 요구된다.

과체중이나 비만은 남자나 여자에게 사회적으로 부정적인 평가를 받는다. 특히 여성은 그 시대의 선호되는 외모적 기준을 따라야 하기 때문에 이로 인해 많은 압력을 받으며 그 결과 이들의 자화상은 외부로 드러나는 자신의 외모에 큰 영향을 받게 된다. 또한 사회적 압력은 가정에서도 지속될 수 있으며 과체중이거나 비만이면 안 된다는 가정이나 직장의 분위기 때문에 많은 스트레스를 받을 수도 있다. 특히 내담자가 자신의 신체적인 특징으로 말미암아 놀림을 당했거나 선생님에게서 모욕을 받은 경우, 다른 사람으로부터 뚱뚱하다는 말을 듣는 경우 매우 당혹스러워한다. 이러한 문제는 내담자 자신의 부정적 신체 이미지를 가지는 데 많은 역할을 한다.

부정적인 신체 이미지가 어떻게 시작되었는가를 이해하는 게 중요하긴 하지만 더 중요한 것은 아직도 이 문제가 지속된다는 것이다. 따라서 신체 이미지 문제를 극복하기 위해서는 이러한 지속과정을 다루는 것이 매우 중요하다고 하겠다. 그렇다면 부정적 신체 이미지가 어떻게 지속되는지 알아보자.

가장 먼저 생각을 해 볼 수 있는 것이 환경적 요인이다. 환경적 요인이란 사회의 일반적 압력이다. 비만을 긍정적으로 보는 사회에서는 비만 문제로 전혀 압력을 느끼지 않는다. 그러나 비만이 문제가 되는 사회에서는 부정적인 신체 이미지가 지속된다. 또한 내담자 특유의 환경적 압력에 의해서 문제가 되는 경우다. 내담자는 현재의 체형에 불만을 느끼고 다른 체형을 끊임없이 선호한다. 이는 특히 내담자가 성장한 가정환경이나 사회적 압력이 함께 나타나는 경우가 있을 수 있다.

두 번째로, 부정적 생각을 지속시키는 내담자 본인의 행동이다. 내담자는 특정 행동을 회피하게 된다. 예컨대, 새로운 옷을 사거나 운동에 참여하는 것, 체중 재기를 피한다. 그러나 이러한 행동은 내담자에게 도움이 되지 않는다. 왜냐하면 이러한 행동을 피함으로써 자신이 어떠한 상태인지 맞닥뜨릴 수 없고, 내담자가 두려워한 결과가 실제 발생했을 경우 이에 적절히 대처하는 방법을 배울 기회가 없어지기 때문이다. 반대로 체중 문제에 항상 신경이 가 있기 때문에 스스로 얼마나 체중이 변화되었는가에 대해 관심을 가지고 있어서 참지 못하고 신체를 점검하는 경우가 많기 때문이다. 상담자는 이런 식의 신체 점검은 불만족스러운 부분에 더욱 신경을 쓰게 만들어 신체 이미지의 문제를 지속시킨다고 설명해 주어야 한다. 이러한 경우 오히려 문제에만 집중하게 하여 자신에 대한 편견을 증폭시키거나 두려워하는 결과를 피하려면 끊임없이 점검해야 한다는 생각을 강화시켜 부정적인 신체 이미지의 문제를 강화시킨다.

세 번째로, 부정적 신체 이미지를 지속시키는 생각과 믿음이다. 신체 이미지 문제가 있는 사람은 외모와 관련해서 부정적인 예측을 하는 경향이 있고, 이것은 내담자의 문제를 지속시키는 결과를 낳는다. 다음과 같은 경우다.

- 나는 사람들이 내 엉덩이를 보지 못하도록 해야 한다. 사람들이 내 엉덩이가 너무 크다고 생각한다.
- 몸매가 드러나는 옷을 입으면 사람들은 나를 우스꽝스럽다고 생각할 것이다.
- 나는 옷 스타일을 바꾸거나 헤어 스타일을 바꿔도 별 볼일 없다. 그렇게 해 봤자 나의 신체 이미지를 바꾸지 못할 것이다.
- 아무도 나와 같은 외모를 가진 사람과 사귀지 않을 것이다.
- 내가 비만하기 때문에 친구들이 나에게 진지하게 대하지 않는다.

상담자는 신체 이미지 문제가 인식이나 생각에 체계적인 편견을 초래할 수 있음을 설명한다. 이와 비슷하지만 조금 다른 경우는 비판적 생각의 반복이다. 외모나 체중에 대한 비판적 생각은 신체적 문제의 한 부분이며 신체 이미지 문제를 지속시킨다. 비판적 생각의 예는 다음과 같다.

- 내 외모는 형편없다.
- 나는 뚱뚱하고 매력이 없다.
- 내 엉덩이가 너무 크다.
- 나는 외모가 별 볼일 없다.
- 나는 곰같이 뚱뚱하다.

내담자가 이와 같은 문제를 호소할 경우, 상담자는 비판적 의식을 반복적으로 가지면 나중에 진실처럼 받아들여져 부정적 신체 이미지가 지속될 수밖에 없다는 것을 설명한다. 자아 비판적 생각은 스스로 비참하게 만들며 체형과 체중에 대해 부정적인 생각이나 편향된 해석을 하게 한다.

네 번째로, 특정 신체 느낌을 비만이나 체중 증가의 증거로 잘못 해석할 수 있다는 것이다. 예를 들어, 어느 날 어떠한 이유 때문에 몸이 부어 있을 경우 비만한 사람들은 살이 더 찐 것으로 오인할 수 있다. 이것은 신체 이미지 문제를 지속시키는 주요 이유가 될 수 있다.

다섯 번째는 역기능적 믿음이다. 외모에 대한 부정적 예측이나 비판적 생각을 되풀이 하는 것은 신체 이미지 문제를 지속시키는 광범위한 역기능적인 믿음이나 태도를 반영하는 경우가 많다.

- 성공 여부는 날씬한가에 달려 있다.
- 교우관계는 날씬한 사람들만이 잘한다.
- 날씬할 때만 자신감이 든다.
- 내가 날씬해야 다른 아이들이 나를 좋아한다.

• 날씬해야 다른 아이들에게 인기를 얻을 수 있다.
• 날씬해야 성공한다.

이러한 생각들은 내담자에게 자신감 부족이나 대인관계 문제 같은 어려움이 외모 때문이라는 믿음을 강화시킨다. 이와 같은 문제가 내담자에게 나타났다고 판단되면 상담자는 앞에서 제시한 설명과 더불어 앞으로 만나는 회기 동안 그 같은 영역에서의 변화를 계획하고 실천해 볼 것을 알려 주어야 한다.

(3) 신체 이미지 모니터링

신체 이미지 문제를 다루는 출발점은 모니터링이다. 모니터링을 위해 내담자는 다음과 같은 상황일 때 일지를 통해 그 기록을 남기도록 한다.

• 자신의 문제에 대해 부정적인 생각이 든다.
• 몸매 때문에 특정 상황을 피한다.
• 부적절하게 습관적으로 몸을 점검한다.

일지 형식으로 기록할 때는 드러난 결과뿐만 아니라 당시의 상황, 느낌, 생각, 믿음과 행동까지 구체적으로 기록해야 한다. 앞에서 제시한 신체 이미지 문제로 어려움이 있을 때 내담자가 기록하는 양식은 다음의 '내담자 기록 양식'에 따른다. 그러나 내담자가 앞에서 제시한 일지를 제대로 작성해 오지 않을 경우 그 행동에 대한 이유를 조사해야 한다. 일반적으로 내담자가 기록을 잘 해 오지 않는 경우는 '필요한 것이 무엇인지 잘 모르는 경우'로서 해야 할 것이 무엇이며 그것을 해야 하는 이유를 설명해 준다.

또한 '특정 생각이나 행동에 대한 당혹감' 때문일 수도 있는데 이 경우는 내담자의 걱정을 없애주어야 하며, '관련된 생각이나 행동의 부재' 때문일 경우는 신체 이미지 체크리스트를 토대로 관련된 부분을 세심하게 검토해야 한다. 마지막으로 '과제에 대한 저항' 때문일 경우는 신체 이미지를 다루는 근본적인 이유를 내담자에게 설명해 주도록 한다.

↘ 내담자 기록 양식 — 회피 상황

내 몸에 대해서 부정적인 생각이 들 때, 나의 몸 때문에 상황을 일부러 피할 때, 부적절한 방법으로 몸을 확인할 때 기록하세요(Cooper, Fairburn, & Hawker, 2004).

상황	친구들이 함께 운동장에서 축구를 하자고 한다.
느낌	마음이 슬프고 꺼려지고 비참하다.
생각	다른 아이들이 다 쳐다볼 것이다. 축구를 하면서 뛰어다니면 내 가슴의 살이 출렁거릴 것이다.
행동	살을 뺄 때까지 나는 친구들과 운동을 못할 것이다. 틀림없이 내가 다른 사람에게 그렇게 보일 것이기 때문에 부끄럽고 창피하다.
결과	친구들에게 몸이 아파서 참여를 못한다고 거짓말을 했다.
대안적 사고	나를 이상하고 열등감을 가지고 산다고 생각하는 사람은 내 자신이다. 모든 사람이 그렇게 생각할 것이라고 생각하는 것도 내 자신이다. 항상 나는 짐작을 하고 미리 나에 대해 생각하며 말한다. 그러나 내가 나의 잘못된 점을 생각하고 나의 단점만을 보고 생각하면 다른 사람도 얼마든지 그럴 것이라는 생각이 든다. 뚱뚱한 사람을 보면 사람들은 왜 그렇게 생각할까? 뚱뚱한 사람이 운동하는 것을 보면 사람들은 왜 웃을까? 건강을 위해서 하는 운동인데……. 앞으로는 운동을 좀 더 체계적으로 배워 살도 빼고 나의 건강도 돌보아야겠다. 왜 나는 나의 체중이 빠질 때까지 기다리는가? 나보다 뚱뚱한 사람도 운동하는 것을 본적이 있다. 비록 키 크고 잘생긴 사람이 운동하는 것처럼 멋있지는 않아도 자기 스스로를 관리한다는 것은 자기 발전을 위해서 좋은 일이라고 생각한다. 오늘 친구들이 축구를 하자고 했지만 하지 않음으로써 나 스스로 필요하고 좋은 운동을 거부한 꼴이 되었다. 나는 나의 건강을 위해서라도 축구를 해야겠다. 그리고 나서 사람들이 어떻게 말할지 실제 겪어 보아야겠다.

◳ 내담자 기록 양식-반복적인 확인 상황

내 몸에 대해서 부정적인 생각이 들 때, 나의 몸 때문에 상황을 일부러 피할 때, 부적절한 방법으로 몸을 확인할 때 기록하세요(Cooper, Fairburn, & Hawker, 2004).

상황	학교에 가기 위해 옷을 입을 때
느낌	거울에 비친 나의 모습을 안 보았으면 좋겠다. 내 몸을 볼 때면 비참하고 화가 난다.
생각	어깨와 엉덩이, 허벅지가 너무 굵어서 도무지 옷을 입어도 하나도 멋있지 않다. 끔찍하다.
행동	몸매가 작아 보이려고 옷을 이것저것 입어 보았다. 아무리 노력해도 가능성이 없다. 이리 저리 거울을 보며 어떻게 옷을 입는 것이 좋을지 여러 종류의 옷도 사서 입어 보고 거울을 들여다보며 노력을 했는데 거의 가망성이 없다. 몇 개의 조금 나은 옷을 골라 입기는 하지만 그 옷들마저도 입기에 도저히 자신감이 없다. 대패로 몸을 밀어 날씬해질 수 있다면 그렇게 하고 싶다.
결과	옷 입는 데 시간을 까먹어 또 지각을 해서 선생님에게 꾸중을 들었다. 아침 내내 다른 사람에게 어떻게 보일까 고민하며 시간을 보내고 지각하고 꾸중듣고 정말 살맛이 안 난다. 옷을 살 때도 나의 뚱뚱한 부분을 가려줄 수 있는 것이라면 가능한 한 모두 사고 싶다.
대안적 사고	가만히 생각해 보면 내 외모가 하룻밤 사이에 확 달라지지는 않을 것이다. 가만히 있으면 어느 때는 화가 자꾸 나서 못살겠다. 화나는 이유도 없이 화가 난다. 아마도 내 몸이 무거운 것과 관련이 깊다고 생각한다. 내 친구들은 밤새 내 외모가 많이 달라지고 예뻐지는지에 대해서 관심이 있는 것이 아니라 내가 아침에 지각하는 일에 더 많이 관심을 가질 것이다. 계속 거울을 들여다보고 내가 싫어하는 모습을 볼 때 정말 기분이 우울하고 답답하다. 머리나 내 코처럼 내가 좋아하는 부분은 눈에 안 들어오고 오직 단점만 눈에 띈다. 이제 거울보기를 그만두어야겠다. 그리고 내게 도움이 되는 것만 찾아서 해야겠다. 목표치에는 모자라지만 체중을 많이 감량했다. 내가 처한 상황에서 최선을 다 했고 앞으로도 그럴 것이다.

↘ 내담자 기록 양식-부정적인 사고

내 몸에 대해서 부정적인 생각이 들 때, 나의 몸 때문에 상황을 일부러 피할 때, 부적절한 방법으로 몸을 확인할 때 기록하세요(Cooper, Fairburn, & Hawker, 2004).

상황	TV나 잡지에서 멋있는 모델들을 볼 때
느낌	멋진 옷을 입고 있는 연예인이나 스타들을 볼 때 어김없이 내 자신과 비교한다. 내 몸을 보고 있으면 역겹고 내 모습이 비참해진다.
생각	내 기억에 내가 옷을 입어서 멋있었던 적이 거의 없는 것 같다. 멋진 옷은 나한테 없는 것 같고 나는 그냥 그렇게 뚱뚱하게 살 것 같다. 세상은 공평하지 않다. 어떤 사람은 아무 옷이나 입어도 멋있고 나는 부대 자루를 내 몸에 씌운 것 같고……. 잡지 속의 저 사람은 저렇게 날씬하고 예쁜데 나는 이게 뭐야, 이게.
행동	너무 기분이 안 좋아 집에 가는 길에 상점에서 아이스크림을 사 먹었다. 잠시 이걸 먹고 또 살찔 거라고 생각했지만 내가 주의한다고 해서 살이 안 찐 것도 아니다. 달콤한 아이스크림으로 잠시 내 기분이 좋아졌다.
결과	아이스크림을 먹으면 난 살이 더 찔 것이다. 잠시 아이스크림 때문에 기분이 좋았지만 살찔 것을 생각하니 다시 또 기분이 나빠졌다.
대안적 사고	잡지 모델이나 연예인처럼 날씬하고 예쁘지 않다고 해서 내가 매력이 없는 것은 아니다. 주변에서 매력적으로 보이는 사람들이 반드시 외모가 매력적인 것은 아니다. 난 내가 결코 모방할 수 없는 연예인이나 모델들과 비교함으로써 나를 비난했다. 사실 잡지나 모델의 사진은 결점을 모두 수정한 후 올려놓은 것이라서 사진에 나타나 있는 것이 온전한 그 사람들의 모습이라고 단정할 수 없다. 나는 지금까지 나보다 더 매력적인 사람들과 비교했지 그렇지 않은 사람들과는 비교하지 않았다. 만일 누군가 나처럼 한다면 그 모습이 공평하지 않다고 말할 것이다. 나처럼 하는 것은 결코 도움이 되지 않는다. 내 목표치보다 몸무게는 많이 나가지만 그것이 매력이 없다거나 스타일이 나쁜 것은 아니다.

일단 내담자가 자신의 문제에 대해 기록을 몇 번 하고 나면 상담자는

내담자의 행동이나 사고가 어떻게 부정적인 신체 이미지를 지속하는지를 검토하기 위해 내담자의 기록을 세심하게 살펴본다. 이 단계에서는 문제를 지속시키는 행동에 집중한다. 이후 문제의 속성에 따라 적절하게 다루어 나가도록 한다.

(4) 체형 회피

우울감을 주는 상황에서 회피로 대처하면 부정적 감정이나 우울감이 지속되기 쉽다. 이러한 태도는 단기적으로는 문제를 해결하는 것처럼 보이나 내담자가 자신의 체형을 파악할 기회가 없을 뿐만 아니라 특정 상황에서 자신의 분노를 조절하고 긍정적으로 생각하는 법을 배울 기회를 막는다. 회피로 말미암아 다른 사람의 생각에 대해 부정적인 주관적 판단에 의존하게 된다. 이러한 경우 이보다 더 악화된 상태에서 자신의 생각이 틀렸다는 것을 확인할 길이 없다. 상담자는 아동이 경험한 예들을 검토하여 이러한 과정들을 알 수 있게 해야 한다.

이렇게 하는 목적은 회피가 신체 이미지 문제에 어떻게 관여하는가를 알게 하는 것이다. 이상의 준비 대화를 통해 회피에 맞서는 가장 좋은 방법은 우울감을 줄 상황에 직면해 예측을 검토하고 어떤 힘든 상황이든 대처해야 한다. 일단 내담자가 왜 회피하는가에 대한 이유를 알면 회피에 대처하기 위한 구체적인 방법을 생각해 볼 수 있다. 다음은 이에 대한 과정이다.

- 내담자와 상담자는 구체적인 행동과제를 논의한다.
- 내담자가 달성하기 쉬운 과제로 정한다.
- 과제를 다루면서 가능한 결과를 예측해 본다.
- 내담자와 상담자는 필요한 과제를 수행하기 위한 단계를 점검하고 어려움에 어떻게 대응할 것인지 계획한다.

- 내담자에게 체형 점검 전후의 생각을 기록하게 한다.
- 내담자가 생각했던 성과를 거두었는지를 검토한다.

회피 문제를 가지고 있는 내담자에게는 문제가 해결될 때까지 지속적으로 다루도록 한다. 이때 내담자가 얼마나 나아지고 있는가를 알 수 있도록 신체 이미지 기록을 작성해 둔다.

(5) 신체 점검

신체 점검은 어떤 과정을 통해서 자기 자신의 신체에 불만을 가지게 되었는지에 대해 초점을 맞추어 이야기해 나가는 것이다. 이는 우리가 어떠한 문제에 지속적으로 신경을 쓰게 되면 그 문제에 주의가 집중되고 따라서 그것에 초점이 맞추어지는 것과 같다. 기분과 기대감도 신체를 왜곡하게 지각하는 한 요소이기도 하다. 또한 신체 점검을 하면 예측되었던 좋지 않은 것들을 미리 막을 수 있다는 기대감이 형성되기도 한다.

이때 상담자로서의 초점은 도움이 되지 않는 신체 점검을 논하면서도 동시에 정상적인 신체 점검을 갖게끔 격려해 줄 필요가 있다. 예를 들어, 거울을 적절히 이용한다든지, 적당한 때 몸무게를 재는 것과 같은 것들이 해당된다. 일단 내담자가 신체 점검을 하는 이유를 알게 되면 내담자와 상담자는 그 습관을 없애기 위한 구체적인 계획을 수립해야 한다. 그 단계는 앞의 회피 문제를 다루었을 때와 비슷하다.

- 내담자와 상담자는 구체적이고 잘 정의된 행동과제를 정하고 정상적인 신체 점검의 수준으로 바꿔나가도록 한다.
- 내담자가 달성할 수 있는 과제를 준다.
- 내담자에게 과제를 통해서 얻을 수 있는 혜택을 예상해 보도록 한다.
- 내담자와 상담자는 성취에 필요한 단계를 계획하고 나타날 수 있는

어려움에 어떻게 대응할 것인지를 계획한다.

- 점검 전후의 생각에 대해 모니터링한 결과를 기록하도록 한다.
- 상담자와 내담자는 예상했던 결과를 보고 성과와 비교한다. 이때 결과를 통해 얻은 긍정적인 측면을 강조하도록 한다.

(6) 사회적 압박감

오늘날 사회는 날씬한 것에 대한 가치를 두고 있으며 따라서 비만한 사람들이 부정적인 신체 이미지를 지속하도록 만들고 있다. 이는 또한 개개인에 따라 특별한 사회적 압박감을 더 느끼게도 한다. 이때 비만한 사람들은 '이것이 나의 문제인가?' 아니면 '사회가 가진 편견으로 인한 문제인가?'를 자문해 보아야 한다. 만일 사회의 편견 때문이라면 개인이 할 수 있는 것은 아무것도 없다.

대신에 개인은 사회적으로 열등의식을 갖거나 남과 비교하기보다 그런 편견을 자신에 대한 부정적인 느낌으로 남겨두지 말고 자신의 인식을 바꾸어야 한다. 그러므로 내담자와 상담자는 편견에 맞설 방법을 찾기 위해 서로 협력해야 한다. 예를 들어, 사회적 편견을 무시하거나 사회의 눈을 비판하는 글을 신문이나 잡지에 싣는다든지, 편견에 맞서는 사회 운동이라도 하는 배짱이 있어야 한다. 학교에서 잘못된 사회적 경향을 비판하는 글쓰기 대회를 개최하면 좋을 것이다.

(7) 생각과 신념 유지

신체 이미지 문제를 다루는 데 자신의 생각과 신념을 유지하는 것은 매우 중요한 문제다. 이는 스스로를 통제하는 문제와 깊은 관계가 있기 때문에 꼭 필요하다. 부정적인 예측, 반복적인 자기 비난, 신체에 대한 잘못된 해석, 전혀 도움이 되지 않는 신념 등 다양한 문제가 있을 수 있

다. 따라서 상담자는 가능하다면 내담자가 신체 회피나 신체 점검을 하게
된 생각을 찾아내고 이를 다르게 반응하도록 해 보고 어떻게 달라졌는지
또한 내담자의 생각을 어떻게 반박해 나가야 할지를 생각해야 한다.

상담자는 생각과 신념을 객관적인 방법으로 점검하는 것이 좋다는 것
을 설명해 주어야 한다. 이는 내담자가 자신의 주관적인 생각에서 스스
로를 분리하여 보다 객관적으로 볼 수 있으며 자기 생각이 타당한지를
점검할 수 있기 때문이다. 이 과정에서 내담자가 어떠한 생각을 한다면
그 생각을 왜 했으며 그 생각을 갖게 한 맥락이 무엇이었는지를 찾아내
야 한다. 다음은 이 같은 생각과 믿음을 구체화시킬 수 있는 방법이다.

- 부정적인 생각이 들면 기록한다.
- 회피나 부정적인 생각을 갖게 한 생각을 찾는다.
- 내담자가 목표했던 체중보다 더 많이 나가도 된다고 할 때 주목
  한다.
- 내담자가 체중 감량에 실패했다고 하거나 체중 감량이 더 이상 되지
  않는다고 말할 때 주목한다.

이러한 생각들은 문제가 되거나 자기 파괴적인 생각일 경우가 있기 때
문에 체계적으로 잘 다루어 나가는 것이 중요하다. 상담자는 내담자의
예측과 생각을 논박할 수 있는 증거를 모아야 한다. 이의 목적은 내담자
가 자신의 부정적인 예측과 자기 비관적인 사고가 맞는 것인지 판단하
도록 도움을 주기 위해서다. 이 과정에서 부정적인 예측이 정확한 것인
지를 검토하고 자기 비판적 사고를 줄여 순기능적인 생각을 확대시키고
대안적 관점을 강화시킨다는 직접적 검증은 매우 유용한 방법이다.

검증을 통해서 내담자는 사물을 다른 시각에서 살펴볼 수 있고, 이전
과는 다른 눈으로 세상을 볼 수 있다(Teasdale, 1997). 이때 생각과 그 결과

초래된 행동에 근거해 자기 관점의 장점과 단점을 파악하거나 검증해 보고 내담자의 관점에 대한 단점을 구체화하여 대안적 관점을 갖게 하는 것이 필요하다. 비만에 대한 문제를 상담하다 보면 내담자의 지각과 해석의 왜곡 때문에 문제가 발생하는 경우가 많다. 이에 내담자가 어떤 식으로 왜곡하는지를 알아둘 필요가 있다.

첫째, 신체 이미지 문제를 가진 사람들은 신체에 관한 부정적인 시각과 일치하는 정보에 관심이 있다. 자신의 여러 외모 가운데 부정적인 곳에 초점을 맞추고 날씬하고 매력적인 사람들과 비교하며 자신보다 덜 매력적인 사람들과는 비교하지 않는다. 이러한 문제를 다루는 첫 단계는 발생 상황을 구체화하는 것인데 내담자가 처한 상황을 적어 보게 하고 이를 상담 시간에 다루도록 한다. 이때는 의도적으로 날씬하지 않거나 자기보다 더 비만한 사람을 적극적으로 주목한다.

둘째, 외모의 긍정적 측면을 낮게 평가한다. 체형, 몸무게, 외모에 관련된 부정적인 것만 기억하고 긍정적인 것은 생각하지 않는다. 내담자에게 균형 잡힌 시각을 갖게 하려면 자신이 가진 긍정적인 측면을 찾아내도록 해야 한다. 이를 위해서 내담자에게 외모와 관련된 긍정적인 사건을 적어 보도록 한다.

셋째, 자신의 체형에 대해서는 매우 비판적인 시각을 가지고 있으면서도 다른 사람의 체형에 대해서는 관대하다. 해결책은 이 생각에 대한 타당성을 검토하게 하는 것이다.

넷째, 지나친 일반화를 한다. 자신이 목표한 체중에 도달하지 못했을 경우 이를 일생의 실패로 돌린다거나 '나는 항상 이런 식의 사람'이라고 생각한다. 이 경우 상담자는 내담자의 경향을 구체화하고 치료 시간 중에 그 같은 생각에 대한 타당성이 있는지를 논의하도록 한다. 이 과정을 통해 내담자의 생각에 반하는 증거를 찾게 된다.

다섯째, 지나치게 이분법적인 사고를 한다. 예를 들어, 다른 사람의 인정을 받으려면 날씬하고 잘생겨야 한다고 생각하는데, 이러한 문제를 다루기 위해서는 근거를 검토하고 균형 잡힌 결론을 도출하여 새로운 결론을 검증할 수 있는 경험을 하도록 해야 한다.

　앞에서 제시한 문제들을 해결하는 데 상담자가 직접적으로 지시하거나 설득하는 것은 비효율적이다. 왜냐하면 내담자와 논쟁을 벌일 가능성이 있기 때문이다. 따라서 내담자 스스로 대안을 찾아 나가도록 상담자는 조력자로서의 역할을 해야 한다. 상담자의 역할은 시초가 되는 생각이나 태도를 질문하는 것이며, 이러한 질문은 내담자로 하여금 자신의 생각에서 한 발짝 떨어져서 볼 수 있게 하고 그러한 생각에서 풀려나게 하는 데 중요한 역할을 한다. 행동의 변화는 내담자의 생각과 태도의 변화를 촉진시킨다. 내담자에게 인지적 작업을 과제로 주어 지속적으로 본인의 관점을 변호하게 하며 한 주 동안에 있었던 신체 이미지의 문제 중 한두 개를 골라 일기를 쓰게 하고 그 문제에 어떻게 대처했는지를 기록하게 한다.

(8) 체중 조절 목표 정하기

　신체 이미지의 문제를 다룰 때는 체중 조절에 관한 목표를 정하는 것이 좋으며, 이러한 목표는 다음과 같다.

- 좋아하는 옷을 입게 되기
- 좋아하는 스포츠를 할 수 있게 되기
- 학교와 사회생활에서 자신감 갖기
- 외모에 관심을 기울이기
- 내가 좋아하는 옷 구입하기
- 다른 아이들과 사귀기

이처럼 나름대로 목표를 정해 놓고 손쉽게 할 수 있는 것으로 정한다.

(9) 수용 태도

신체 이미지 문제에 관련된 수용적 태도는 내담자에게 자신감을 가지게 할 뿐만 아니라 특정한 사항에 관심을 지나치게 집중하지 않도록 하기 때문에 긍정적이다. 따라서 내담자의 조그만 변화에도 긍정적인 태도를 갖는 것은 바람직한 일이다. 내담자는 다음과 같은 것들에 긍정적인 수용적 태도를 가질 수 있다.

- 내담자는 체중 감량에 노력해 왔고 이미 변화를 경험하고 있다.
- 앞으로도 내담자는 신체 이미지에 긍정적인 영향을 주는 많은 시도를 할 것이다.
- 지금까지 시도한 변화에 대해서 긍정적인 태도를 가지지만 더 이상의 변화에 대해서 긍정적인 변화가 이루어지지 않는다고 해도 그것을 수용할 태도를 갖는다.
- 즐거움과 만족을 주는 활동을 찾아 자신의 신체를 긍정적으로 느끼게 한다.

내담자는 상담자와 협동해서 신체에 대한 긍정적인 태도를 강화할 수 있도록 노력한다. 내담자가 좋아했으나 어떠한 이유 때문에 포기한 활동을 찾아봐도 좋다. 좋은 결과를 얻기 위해서는 신중한 계획을 세우고 내담자에게 결과를 예상하게 한 후 실제 결과와 비교해 보는 것도 좋다. 또한 상담자는 이러한 활동의 긍정적인 측면을 강조한다. 경우에 따라서는 내담자가 행동의 결과를 긍정적 용어를 통해 재구성하도록 돕는다. 이 기간은 몇 차례의 회기가 필요할 것이다.

3) 체중 감량에서 목표 설정

(1) 체중 유지의 어려움

체중 유지가 어려운 이유를 파악하는 것은 과거에 체중 유지가 잘 되지 않았던 원인을 직접 알 수 있도록 도와준다. 체중 감량을 시도했던 사람들은 대부분 체중이 줄었다가 다시 원상 복귀되는 요요현상을 경험했을 것이다. 원인을 구체적으로 파악하기 위해 다음 사항들을 내담자에게 물어보는데, 상황에 따라서 질문 중 가장 타당한 것만 선택해서 물어볼 수도 있다.

① 체중 감량 기간
- 처음 체중
- 감량 체중
- 소요 시간
- 처음 목표와 실제 달성 체중 간의 비교
- 목표 체중 도달 또는 도달하지 못한 것에 대한 내담자의 관점

② 체중 유지 기간
- 더 이상의 체중 감량 시도를 중단한 이유
- 체중을 유지하겠다는 결정

③ 새로운 체중을 유지하기로 결심한 경우
- 어떻게 체중을 유지할지에 대한 세부사항
- 체중 유지 방법 정보의 유용성
- 타인으로부터의 조언 및 도움

• 식사의 종류와 섭취량
• 체중 모니터링의 세부사항

④ 새로운 체중을 유지하지 않은 경우

• 유지를 하지 않은 이유
• 감소 전의 체중과 비교해서 지금의 체중을 어떻게 생각하는가?

⑤ 체중 감량 후의 경험

• 체중이 다시 증가한 경과
• 체중 원상 복귀에 대한 반응

⑥ 체중 복귀에 대한 예방

• 체중 원상 복귀 예방을 위한 노력
• 체중 조절 노력을 포기하려는 이유

⑦ 체중 원상 복귀에 저항이 없는 경우

• 체중 복귀를 막으려는 노력을 하지 않은 이유
• 새로운 체중에 대한 수용

체중 유지가 잘 되지 못한 이유는 다음 세 가지 가운데 일부 또는 전부가 관여했을 가능성이 많다.

• 비현실적인 목표 체중: 목표 체중에 도달하지 못한 경우 내담자는 줄어든 체중을 유지하지 못하거나 어쩔 수 없이 유지하게 된다. 본인이 달성한 체중은 가치가 없다고 생각하기 때문이다.

- 장시간의 극심한 식사 규제: 만약 살을 지속적으로 빼기 위해서 무기한으로 고난도의 억제를 지속하기가 어렵다면 대부분의 경우는 결국 다시 살이 찌게 된다. 이러한 상태에서는 체중 조절을 포기하기 쉽다.
- 성공적인 체중 유지가 무엇인지 모르는 경우: 일부 내담자들은 체중 유지란 체중이 안정적이도록 식사와 신체 대사 조절을 계속하면서 사고의 변화와 실천을 요구하는 능동적인 과정임을 알지 못한다.

(2) 목표 설정

목표 설정이란 체중 감량 그 자체 이외에 체중 감량의 결과로 얻고자 하는 것을 말한다. 많은 내담자들은 체중 감량 자체에 목표를 두고 있지만 여기서 이야기하는 목표 설정은 체중 감량을 다른 목적을 위한 수단으로 보는 것으로서 외모나 체력 향상, 건강 증진 그리고 자신감 등을 말한다. 애초에 목표가 체중 감량 자체로 정해지면 목표가 자칫 무미건조해지고 재미없을 수가 있다. 따라서 체중을 줄임으로써 어떠한 혜택을 보고 어떠한 활동을 할 수 있을까에 초점을 두는 것이 더 좋다.

↘ 목표 설정의 예

설정한 목표를 달성해 나가는 데에 부딪칠 수 있는 문제의 해결방안을 찾고 가장 적합한 것을 적용해 본 다음 선택한 해결책이 어떠했는지를 평가해 본다. 이 과정은 단기, 중기, 장기 계획에 모두 포함될 수 있다. 또한 내담자가 세운 목표를 달성할 수 있도록 격려하고 지지하도록 노력해야 한다. 내담자의 목표 설정에는 다음과 같은 것들이 있다.

- 외모 향상: 체중이 감소되면 외모에 더 관심을 갖는다.
- 보다 폭 넓은 옷 선택: 스스로 더 예뻐지거나 멋있어 보이고자 하는 열망에서 시작된다.

• 건강해진 자신: 비만이나 과체중으로 몸놀림이 둔해지거나 고지혈증, 고혈압 등 생활습관으로 인한 질병에 노출이 될 수 있기 때문에 비만한 내담자가 체중을 감량하면 건강에 매우 유익한 결과를 가져온다.
• 튼튼함: 신체활동에 노출되는 시간이 많아지고 생활 태도를 영구적으로 변화시키는 일환으로 좀 더 활동적으로 몸을 움직인다.

4) 체중 유지 관리

(1) 체중 유지의 시작

비만이 만성 질환이며 장기적인 치료가 필요하다고 하는 것은 많은 학자들이 이야기하고 있다(Perri & Corsica, 2002). 특히 몇몇 연구는 그룹형식의 장기적인 치료를 통해서 체중 유지의 성공 가능성을 보고하였다(Larter et al., 2002). 그러므로 일단 체중 감량에 성공을 하였어도 체중 유지를 성공적으로 하지 못하면 일시적인 효과 이외에 아무런 이득도 없다. 체중 감량도 중요한 문제지만 이에 못지않게 감량한 체중을 유지하는 문제도 중요하다. 체중 유지의 시작은 다음 두 가지 사항 중 하나가 이유가 된다.

• 내담자가 더 이상 체중 감량을 원하지 않을 때
• 체중 감량 속도가 느려지거나 감량이 멈추거나 감량에 들이는 노력보다 성과가 적을 때

일단 유지 프로그램이 시작되면 나머지 기간은 감량보다는 유지에 초점이 모아진다. 이 단계에서는 내담자에게 치료의 진행과정을 검토해 보게 한다. 그간 치료와 상담을 통해서 얻은 것이 무엇이고 아직 남은 것은 무엇인지 내담자가 알게 하기 위해서다. 그런 다음 내담자가 체중을 장

기간에 걸쳐 성공적으로 유지하기 위한 자신만의 기술을 개발해 이를 실행하고 습득할 수 있도록 도와준다. 상담자는 내담자가 객관적이고 균형 잡힌 시각으로 장·단기적으로 다음의 사항들을 검토하도록 해야 한다.

- 체중 유지의 범위를 정한다.
- 장기적으로 실천이 가능한 체계적인 모니터링을 한다.
- 체중 변화에 대한 해석을 한다.
- 안정적인 체중을 유지한다.
- 좌절에 대한 대처 방안을 생각한다.

그러나 체중 유지 단계는 체중 감량 단계보다 다음과 같은 이유 때문에 동기 부여가 줄어든다.

- 목표는 체중 유지에 있으므로 목표의 변화가 없다.
- 기간이 정해진 것이 아니라 끊임없는 과정이다.
- 다른 사람의 격려를 거의 받지 못한다.

적극적인 체중 유지는 인위적이고 고통스러운 노력으로 진행된 다기보다는 자연스러운 현상에 의해서 성취되도록 하는 것이 바람직하다. 체중 유지가 지속적인 노력으로 성취된다는 것을 인식할 경우 체중 유지를 받아들이기 힘들고 체중 유지에 대한 비법 내지 방법을 개발해야 한다는 의무감 때문에 화가 나고 개인에게 실망스럽기까지 하다는 것이다. 이러한 경우 내담자의 상담에 대한 참여율 저조, 치료 탈퇴, 상담에 대한 비우호적 반응, 식사 조절에 대한 태만 또는 포기 등이 나타난다. 이때 상담자는 내담자의 반응에 주의하면서 상담에 임해야 한다.

일부 내담자의 경우는 치료의 종결에 대해서 걱정한다. 앞으로 다른 사람의 도움 없이 스스로 대처해 나갈 능력이 없음을 인식하고 이에 대한 걱정을 하며 같이 상의할 수 있는 누군가가 있기를 바랄 것이다. 상담자는 치료 기간에 내담자가 성취한 것들을 인식하고 이러한 성취는 내담자의 노력에 의한 것임을 내담자에게 강조하도록 한다.

(2) 체중 유지를 위한 모니터링

내담자에게 강조할 가장 중요한 요소는 체중을 유지해야 한다는 것이다. 여러 문헌이나 매뉴얼에 따르면 적정한 체중 유지를 위한 체중의 범위는 4kg 이내로 보고되고 있다. 체중 유지 프로그램을 시작하기 전에 3주간의 평균 체중 값이지만 상황에 따라 이러한 지침은 다소 변동될 수 있다. 체중 유지에 성공하기 위해서는 체중에 대한 적절한 모니터링을 해야 한다. 이렇게 하면 체중 변화에 대한 의미 있는 변화를 알 수 있다. 특히 모니터링 체계는 실행 가능해야 지속적으로 이용가능하게 된다.

체중은 주 1회 원하는 날 아침, 체중을 측정하기 가장 편한 날로 정한다. 이처럼 정례화된 체중 모니터링을 통해 그 주의 공식적인 체중을 정한다. 내담자에게 장기 체중 유지 그래프에 날짜와 체중을 표시하도록 하고, 이 그래프는 본인 이외에 다른 사람이 보지 않도록 잘 보관시킨다. 그래프는 필요할 때 언제든지 상담 자료로 사용하도록 한다.

일단 그래프가 그려지고 정해진 범위 내에서 체중의 변화가 파악되면 더 이상 체중을 줄이지 말 것도 상담자가 적극적으로 권유해야 한다. 왜냐하면 이 단계에서는 더 이상의 체중 유지를 위한 노력이 아무런 도움이 되지 않기 때문이다. 한편 이 기간에는 내담자들이 적극적으로 신체 활동에 노력하도록 한다.

만약 내담자가 에너지 섭취량을 늘리고자 한다면 조금만 늘리게 하며 그렇게 했을 때 체중에 끼친 영향을 파악하고 이에 근거해 방침을 정하도록 한다. 예를 들어, 하루 1,600kcal로 올려 체중 변화를 2~3주 정도 모니터링해서 체중이 감량되었다면 하루 1,700kcal로 올려 체중 변화를 다시 같은 기간만큼 관찰해 본다. 이 시기가 되면 식사 규제를 좀 느슨하게 할 것도 면밀히 검토해 본다.

내담자에게 음식 섭취가 소량 증가하면 섭취 열량이 증가해 체중이 다소 늘어날 수 있음을 경고함으로써 체중 증가를 사전에 줄일 수 있다. 이 기간에 시행착오를 통하여 섭취한 열량과 체중 간의 균형을 찾도록 한다. 이 기간이 끝날 무렵 다음과 같은 숙제를 부여한다.

- 체중 모니터링 방법 생각해 보기
- 다음 시간까지 체중이 표시된 그래프 준비해서 가져오기
- 안정적인 체중 유지를 위해 섭취 열량을 적정선에서 조정하여 유지하기

(3) 체중 변화의 해석

내담자는 일상적이고 발달적인 체중 변화와 의미 있는 체중 변화를 구분할 수 있어야 한다. 이 점에 대해 다음 세 가지 현상에 주의를 기울일 필요가 있다.

① 체중의 변화가 한계를 벗어났는가?

이 경우라면 좀 더 세심하고 면밀한 평가가 있어야 한다.

② 체중 변화 곡선이 체중의 재증가를 의미하는가?

이 경우 체중의 변화에 대한 어떠한 경향성이 있는지를 살펴야 한다. 만일 변동의 기복이 심한 경우는 내담자의 음식 섭취의 기복 때문일 수

있다. 지난 4주간 체중 변화의 폭이 어떠한 형태를 나타내는지를 면밀히
주시한다. 그래프가 주어진 폭 내에서 변동이 있다면 성공적인 체중 감
량이 지속되는 예라고 볼 수 있지만 그렇지 않고 지속적으로 체중이 감
량되거나 주어진 범위를 벗어났다면 성공적인 체중 유지를 한다고 말하
기는 어렵다.

③ 갑작스러운 체중 변화가 나타나는가?

이 경우 원인과 결과를 숙고해 보도록 한다. 또한 이에 맞는 대처 방법
도 생각해야 한다. 어떠한 사람의 경우는 급성 질환 때문에 갑작스러운
체중의 감량이 따를 수 있고 어떠한 사람의 경우는 폭식으로 갑작스러운
체중의 변화가 있을 수 있다. 두 가지 경우 모두 4주간 2kg 이상의 체중
변화가 나타나면 보다 세심한 관찰을 해야 한다. 이 단계에서 상담자는
매 회기를 시작할 때 내담자에게 그래프 내용 중 가장 의미 있는 사항에
대해 말해 보도록 한다. 적어도 5~6개월 동안 성공적인 체중 유지가 이
루어지는 경우 장기적인 체중 유지 방법에 대해 충분한 시간을 할애해
내담자와 다음과 같은 이야기를 해야 한다.

• 성공적인 체중 유지는 에너지 섭취와 소비 간의 균형이 잘 맞아야
  한다는 것을 이야기한다. 활동적인 사람이 체중 유지를 잘하는 것은
  이에 대한 좋은 예라고 하겠다. 무엇보다 체중 증가에는 음식 섭취가
  소비보다 더 중요하게 작용하므로 섭취를 조절하는 것이 중요하다.
• 다양한 상황에서도 연습을 통해서 체중을 조절할 수 있도록 한다.
  스트레스, 휴가, 생일파티 등 어떠한 상황에서든 체중을 유지할 수
  있어야 한다. 항상 어떠한 사건을 맞을 때 이에 대한 계획을 세울 수
  있도록 노력하고 갑작스러운 사건으로 대처하지 못할 때는 사후 이
  에 대한 대비책이 있어야 한다.

- 항상 정기적으로 체중을 모니터링하며 평가한다. 무엇보다 지속적인 실천이 매우 중요하다.
- 체중 변화는 특별한 예를 제외(임신, 약물 등)하고 대부분의 경우 음식 섭취 또는 활동량의 변화에 기인한다.
- 활동적인 생활양식이 체중 유지를 하는 데 가장 효과적이므로 활동량을 늘리는 것이 중요하다.
- 체중 변화는 허용 범위의 중간 값으로 안정적으로 유지하는 것이 중요하므로 항상 변화에 주목한다.

앞에서 언급한 사항 이외에 상담자로서 염두에 두어야 할 것은 체중 증가에 취약성을 가질 수 있는 상황에 경각심을 갖도록 하는 것이다. 예를 들어, 명절이나 휴가 때 음식을 조절하지 못하고 과다하게 먹는 것에 대한 경각심을 고취시키는 일이다. 또한 내담자의 행동이나 태도로 체중이 다시 증가할 수 있는 위험성은 없는지 살펴야 한다. 예를 들어, 스트레스 상황에서 고지방 스낵을 먹거나 활동량이 부족한 겨울철, 명절, 휴가철, 과식할 수 있는 외식 등으로 말미암아 체중이 증가할 수 있는 상황을 점검해야 한다. 체중을 유지하는 데 이러한 상황들이 장애가 되지 않도록 내담자들에게 경각심을 가지게 하는 것이 필요하다.

5) 체중 변화 대처

내담자들은 체중이 변한다는 것을 인식할 때 체중 변화에 대해서 어떻게 대처할 것인지를 숙지하고 있어야 한다. 따라서 먼저 체중 변화에 대한 인지가 중요한데 이때 두 가지의 질문을 스스로에게 던져 보아야 한다. 첫째는 '체중 변화가 갑작스럽게 나타났는가? 아니면 서서히 진행되고 있는가?' 또한 '현재 체중이 내가 설정한 허용 범위를 벗어났는가?'도 인식할 필요가 있다. 둘째로 고려해야 할 것은 체중 변화에 대한 이유를 설명해야 하는데 이때 식습관의 변화, 활동 변화 그리고 병 혹은 약 등에 의한 것은 아닌지를 고려해 보아야 한다. 체중 증가를 일으키는 주요 요인은 식사량 증가, 섭취 음식 증가, 스트레스와 관련된 음식 섭취 등을 들 수 있다. 또한 생활의 습관이나 활동량의 변화가 원인일 수도 있다. 셋째로 고려해야 할 것은 행동 변화의 이유를 설명해 보라는 것이다. 이때 변화에 대한 설명이 분명한가? 이전과 달리 습관이 바뀌었는가? 하는 문제도 고려해야 한다. 넷째는 체중 감량에 대한 구체적인 계획을 세우고 실천하기다. 이 단계는 내담자가 체중 증가에 대처할 수 있는 방법을 생각하고 실천하도록 해야 하는데 이때 섭취 에너지를 줄이는 방법이 권장될 수 있고, 이에 따른 체중 변화를 면밀히 관찰할 필요가 있다. 일단 이 방법으로 체중이 감량되는 것이 확인되면 같은 방법으로 체중을 유지하도록 한다. 마지막으로 다섯째는 내담자가 행동 변화의 배경 원인을 찾아야 한다는 것이다. 음식 섭취나 활동 변화에서와 같이 체중을 유지하려는 노력을 정기적으로 평가하고 이에 따라 계획을 맞추어 간다.

개인 체중 유지 계획

체중 유지에 대한 상담의 종결이 가까워지면 내담자는 상담자와 함께 본인에게 맞는 체중 유지 계획을 세우고 실천해 가야 한다. 이 단계는 마지막 2~3회기로 하며 다음과 같다.

• 첫째 단계

상담자는 구체적으로 계획을 세우고 그 계획이 어떠한 가치가 있는지를 내담자와 논의하여 이를 장차 체중 유지의 세부 지침으로 사용할지를 정한다. 이 계획은 체중 유지를 위해 내담자가 배웠던 것들을 되짚어 보고 장차 체중 증가의 징후가 보일 때 어떻게 해야 할지를 알려 주는 지침이 된다. 또한 앞으로 일어날 일에 대비하는 최선의 방안임을 내담자에게 설명해 준다.

내담자에게 그들의 체중 유지 계획이 유용한 것인지를 알아볼 수 있는 숙제를 준다. 여기서 맞고 틀리는 답은 없으며, 가장 유용한 것이 무엇인지를 생각해 보게 한다. 이때 체중 유지를 위해서 고려해야 할 점과 관련된 기록지를 사용하도록 한다.

체중 유지를 위해 고려해야 할 점

1. 체중이 다시 늘어나지 않기를 바라는 이유는 무엇인가?
    1) _____
    2) _____
    3) _____

2. 내가 지켜야 할 식생활습관은 무엇인가?
    1) _____
    2) _____
    3) _____

3. 내가 지켜 나가야 할 좋은 운동습관은 무엇인가?
    1) _____
    2) _____
    3) _____

4. 체중을 유지하는 데 내가 주의해야 할 위험한 것들은 무엇인가?
    1) _____
    2) _____
    3) _____

내담자에게 치료의 요소라고 생각되는 것 중 가장 유용한 것이 무엇인지 적어 보도록 한다. 또한 장차 체중 증가가 초래될 가능성에 대해서도 그 상황을 적고 생각하게 한다.

나의 체중 유지 계획

체중 증가를 바라지 않는 이유:

체중 유지

- 목표 체중 범위:

- 좋은 식습관:

- 좋은 활동습관:

- 체중을 유지하는 데 위험요소:

- 체중 모니터링:

체중이 허용 범위를 넘어섰을 때

- 체중 변화 평가:

- 원인 찾기:

- 원인에 대한 감추어진 배경:

- 체중 변화에 대한 대처 계획:

- 원인에 대한 감추어진 배경을 다루는 계획 수립:

• 둘째 단계

내담자가 가지고 온 숙제를 이용하여 상담자는 협력하여 체중 유지 계획을 세우고 앞으로 내담자가 지켜야 할 사항들을 정리한다.

• 셋째 단계

상담자는 체중 유지 계획을 정리해서 내담자와 함께 검토해 본다. 추가하고 싶은 사항이 있는지 또는 수정사항에 대해 내담자에게 질문한 후 최종 보완된 체중 유지 계획을 내담자에게 제시한다.

• 상담의 종결

마지막 시간에 상담자는 상담 기간에 내담자가 해 온 것들에 대해 축하하고, 지금까지 해 온 체중 감량 프로그램의 종료에 대해서 어떻게 생각하는지를 묻는다. 또한 앞으로 체중 증가의 징후가 보일 때 체중 유지 계획을 다시 한 번 읽어 보고, 반드시 주 1회 체중 측정을 하며 그래프에 기록할 것을 당부한다. 상담자는 반드시 내담자에게 앞으로 상담 기간에 이용했던 지침들을 잘 따르고 그렇게 함으로써 체중 유지가 마음먹은 대로 잘 될 것이라고 언급하면서 마무리를 한다.

상담 종결 후에도 몇 차례 추적 회기를 갖도록 한다. 2개월 정도의 간격으로 시행하면 좋을 것이다. 이 같은 회기를 통해 추후 발생할 문제를 점검하고 미리 논의해 볼 수 있다.

 **부모 참여**

부모의 참여는 소아 비만의 성공적인 치료에 필수 요소로 알려져 있다 (Brownell, Kelman, & Stunkard, 1983; Epstein et al., 1981). 소아 비만 프로그램은 부모의 참여에 따라 다양하지만, 대부분의 경우 부모의 참여는 아동의 체중 감량에 도움을 주는 중요한 요인이 된다(Goldfield, Raynor, & Epstein, 2002). 여러 임상 연구에서 부모와 아동이 함께 참여하는 개입방법이 성공적이라고(Epstein, Valoski et al., 1995; Istael et al., 1994) 보고하는 데 비하여, 독립적으로 시행할 때 효율성이 있다고 보는 연구자도 있다 (Brownell, Kelman, & Stunkard, 1983; Kirchenbaum, Harris, & Tomarket, 1984). Epstein과 Valoski 등은 부모의 개입이 별도로 동시적일 때 가장 효과적이라고 하였고, 부모의 참여가 아동의 비만 치료에 매우 밀접한 관련이 있다고 보았다.

교정해야 할 행동이 발견되더라도 아동 스스로 실천 의지를 갖도록 유도하는 것이 중요하며, 결코 부모나 치료자 등이 강제로 하는 것은 효과가 없다. 아동에게 건강한 식습관 및 생활습관을 교육하는 것은 어렵지 않으나, 부모가 지나치게 식품 선택을 조절하는 것은 아동의 자기조절 능력을 감소시킬 수 있다는 점을 고려해야 한다. 특히 하굣길의 군것질, 방과 후 텔레비전 시청 시 간식 등에 대해 아동 스스로 조절할 수 있도록 하는 것이 중요하며, 대체할 수 있는 행동을 개발해 주는 것이 매우 필요하다. 그렇지 않을 경우 용돈으로 원하는 만큼 먹고 싶은 것을 몰래 사서 먹는 아동을 만들 수 있다.

〈표 3-8〉 부모들이 해야 할 일

- 아동의 행위에 칭찬할 이유를 찾는다.
- 절대로 음식을 보상으로 사용하지 않는다.
- 아동의 행위에서 변화를 위한 교환으로 '상'을 준다.
- 일일 식사 시간과 간식 시간을 정한다.
- 어떤 음식을 언제 줄 것인지 정한다. 아동이 먹는 것을 결정하도록 한다.
- 단지 건강한 선택만을 제공한다.
- 유혹을 없앤다.
- 역할 모델의 주인공이 된다.
- 일괄적으로 시행한다.

출처: 권봉안, 최종환, 안자희, 정윤만, 정순광, 김현주 공역(2006). 비만 원인·평가·치료와
예방. 대한미디어, p. 161.

6 비만 치료를 위해 극복해야 할 문제점

1) 자기 조절의 실패

체중 감량과 체중 유지 과정의 중요한 요소는 1일 칼로리 제한에서부
터 30~45분간의 신체활동의 수행 목표 등 진행과 행동을 스스로 조절하
는 것이다. 치료에 참여하는 부모는 아동의 감시과정에서 구조적으로 일
관적인 일정을 제공하여 스스로 조절할 수 있도록 도와주는 역할을 해야
한다(Goldfield, Raynor, & Epstein, 2002). 비만 치료 아동은 바쁜 일정에도
기록하는 습관을 갖도록 부모와 아동이 함께 창의적으로 노력해야 한다.
아동은 시간의 부담과 뒤따르는 불편함으로 자기 감시를 하지 않을 수
있다. 어떤 아동은 점심 시간을 기록하는 일에 보냄으로써 다른 학생들
과 자신이 다르게 느껴진다고 보고하고 있다. 그러나 기록은 사건에 가

장 가까운 시간에 가장 정확할 수 있기 때문에 치료자는 아동과 함께 다양한 상황을 편안하게 기록할 수 있는 창의적인 방법을 찾아야 한다 (Goldfield, Raynor, & Epstein, 2002). 다시 말해, 자기 감시는 체중 감량과 체중 유지에 중요한 것이며, 수반되는 어려움에도 계속되어야 한다.

2) 동기

치료를 계속하고자 하는 동기는 시간이 가면서 점점 약해진다. 특히 체중 감량이 기대보다 적을 때 그런 현상이 더욱 뚜렷해진다. 아동은 행동 변화를 위한 필요한 일을 수행해야 하는 것에 대해 좌절감을 느끼게 된다. 이때 부모는 계속적이고 규칙적으로 아동의 건강한 식이 요법과 신체활동의 변화를 긍정적으로 지지해 주고 더욱 강화시켜야 한다. 부모는 아동과 함께 새로운 행동이나 습관을 자신들의 생활양식의 변화로 받아들여야 한다. 아동이 치료에 대한 용기를 잃으면 자신에 비해 불편함이 없는 동료의 식이에조차 불공평함을 느낀다. 이러한 상황에서 치료자는 아동이 좀 더 긍정적으로 느끼도록 재구성하여야 한다. 가령 아동의 가족들이 오히려 건강식을 한다는 식의 이야기를 해 준다. 치료자는 부모가 아동을 도울 방법을 알려 주어 아동이 성취하기 어려운 건강한 식이와 신체활동 행동 변화를 계속하도록 동기를 불어넣어야 한다. 다시 말해, 행동 변화는 치료자와 부모에 의하여 강화되어야 한다.

3) 가정 내에서 방해

아동과 참여하는 부모가 치료를 잘 진행하고 있을 때, 다른 가족들이 비만 치료에 방해나 어려움을 줄 수 있다. 특히 언니, 오빠들이 고지방, 고칼로리의 음식을 섭취하고 있는 상황이 벌어질 수 있다. 또한 부모 중 참여를 하지 않은 쪽은 치료에 동의하지 않고 아동의 동기를 무시한다.

비참여적인 부모는 아동의 체중을 문제시하지 않고 치료의 필요성을 부인한다. 이 상황에서 치료자는 가족 모두를 치료에 참여시켜 지지하는 환경의 중요성을 강조하고 치료가 긍정적인 효과를 가질 수 있도록 해야 한다. 또한 가족은 비만 아동을 '문제' 혹은 '귀찮음'으로 배제하지 않아야 한다. 사실상 가족의 개입과 지원은 아동의 행동 변화와 치료가 오랫동안 지속될 수 있도록 하는 중요한 요소다(Goldfield, Raynor, & Epsein, 2002).

4) 긍정적 강화 이용의 감소

치료가 진행되면서 부모들은 아동의 건강한 식이와 신체활동 행동 변화를 계속 관찰하지 못한다(Goldfield, Raynor, & Epsein, 2002). 부모는 긍정적인 변화를 칭찬하기보다는 아동의 실수나 잊어버린 내용을 비난하기 쉽다. 어떤 부모는 긍정적인 강화가 반드시 필요하지 않다고 느끼고, 아동 스스로 내재적으로 동기화되어 체중 감량과 유지를 위한 행동 변화를 보이는 것을 강조한다. 치료자들은 끊임없이 부모가 규칙적으로 긍정적인 강화를 할 수 있도록 상기시키며, 건강행동 변화를 유지하는 데 필요한 동기를 창출하는 것이라면 작은 보상조차도 계속되어야 한다고 강조한다.

5) 불충분한 학교 급식

미국의 학교 급식은 아동들에게 불충분한 영양을 제공하고 있으며(Osganiam et al., 1995), 특히 학교 내의 패스트푸드 체인점은 영양의 불균형을 초래한다는 문제가 대두되고 있다. 가정에서 도시락을 싸주는 것은 시간이 걸리고, 귀찮은 일이 될 수 있지만 부모는 이에 대하여 창의적으로 접근하여 학생들이 가장 건강한 선택을 할 수 있도록 고무하거나 건강한 간식을 제공해야 한다. 광의의 사회 수준에서 건강 전문가들은 건강한 학교 급식 문제에 대하여 함께 힘을 합쳐야 한다.

6) 축제일

휴일, 파티, 가족 기념일 등은 아동의 건강한 식이 유지에 어려움을 준다. 많은 가족들이 음식을 축하에 필요한 한 부분으로 생각하는데 이 음식들은 대개 고칼로리와 고지방 음식이다. 아동은 음식의 거부가 상대방에 대한 모욕이나 거부로 받아들여질 것을 두려워하면서 그러한 사회적 압력에 못 이겨 음식을 먹는 경우도 있다. 가족들은 그러한 상황에서 적절한 행동과 역량을 발휘할 수 있도록 교육을 받아야 한다. 음식은 오락의 내재적인 한 부분이라는 생각을 버리고 건강한 식이를 유지하도록 한다. 가족도 역할 분담을 하여 대처 역량을 나누어 실행해 보면서 도움을 준다.

 ## 7 비만 치료 시 운동 요법의 실증적 연구 및 권고

1) 신체활동과 체중 관리의 관련 연구

Kayman(1990) 등은 운동을 통하여 체중 감량 프로그램을 시행한 사람의 76%가 긍정적인 효과를 보았으며, 체중 증가 재발을 경험한 사람의 36%만이 그들의 체중 감량 프로그램에 운동을 이용하고 있음을 보고하였다. 또한 2년 동안 최소 20%의 체중 감소량을 유지하고 있는 사람들의 90%는 일주일에 3일씩 적어도 하루 30분간 운동을 하고 있다고 보고하였다.

또 다른 연구자들도 규칙적인 운동에 참여하는 것은 성공적인 체중 감량 유지에 중요하다고 보고하고 있다. 특히, 규칙적인 운동을 평균 5년 동안 지속적으로 실시한 결과 약 30kg의 체중 감량을 보였으며, 대표적인 운동으로 여성은 걷기, 에어로빅 댄스를, 남성은 운동경기 참여와 웨이트 트레이닝을 들었다.

(1) 6개월 미만의 단기간 신체활동

체중 감량에 대한 행동 접근법을 연구할 때 식이 변화, 운동 변화, 식이와 운동의 혼합 변화 등을 고려할 수 있다. 체중 감량을 위한 행동 접근법은 치료 후 최초 6개월 안에 체중 변화가 나타난다. 이 단기간(6개월 이하)의 개입 방식은 운동, 식이 요법, 혹은 식이와 운동을 혼합한 방식이었으며, 체중 감량에 최소의 영향을 주는 강도였다. 예를 들어, 여성을 대상으로 한 12주 연구에서 Hagen(1986) 등은 식이와 운동, 식이, 운동 등 세 가지 방식의 치료 개입에서 각각 7.5kg, 4.9kg, 0.2kg의 체중 감량을 보고하고 있다.

유사한 결과로 남성의 경우도 세 그룹은 각각 11.4kg, 8.4kg, 0.3kg의 체중 감량을 보였다. 또한 Muller 등(1999)은 25년(1969~1994)에 걸쳐 연구의 메타 분석을 시행한 결과 운동만의 체중 감량 결과(−2.9kg)는 식이 요법만의 결과(−10.7kg) 혹은 식이와 운동을 혼합한 방식(−11.0kg)에 비하여 더 적은 것으로 결론을 내리고 있다. 따라서 6개월 이하의 단기간에 체중 감량을 극대화하려면, 표준 행동 요법을 이용한 개입 방식으로 식이 요법이 권장되며 여기에 신체활동을 추가함으로써 체중 감량의 긍정적인 효과를 볼 수 있다.

초기 체중 감량에서 운동의 영향을 생각할 때, 식이 제한의 수준을 고려하는 것이 중요하다. 예를 들어, Hagen(1986) 등의 연구에서 식이 섭취가 하루 1,200kcal일 때, 운동을 병행하는 것은 식이 요법만의 결과보다 체중 감량을 향상시키는 것으로 보였다. 그러나 식이가 실질적으로 이 수준 이하로 떨어지는 경우, 동일한 결과가 발견되지 않을 수 있다. 예를 들어, 매우 낮은 칼로리 식이(VLCD; very low calorie diet)를 하는 경우, 처음 90일의 치료 기간은 식이만 하는 요법과 비교하여 식이와 운동(유산소 운동 혹은 저항성 운동)을 병행하는 것은 그렇게 큰 효과가 나타나지 않았다. 하지만 VLCD 상태에서는 유산소 운동이 심폐 능력을 향상시킬 수 있으며, 그것은 과체중자들의 건강 위험을 낮추는 중요한 요소다. 저항성 운동은 근력을 강화하며, 이는 기능적 상태에 긍정적 효과를 줄 수 있다.

(2) 6개월 이상의 장기간 신체활동

초기 6개월 이내에 체중 감량을 가져오는 행동 요법의 개입에도 불구하고, 체중 감량을 유지하는 것은 상당히 어려운 일이다. 특히 초기에 단기간, 즉 최소한 40주 동안 체중 관리 프로그램에 참여한 사람들 중에서 1년 안에 약 33%가 체중이 다시 증가하였고, 그 다음 해에는 추가적으로 체중이 늘고 있음을 보여 주고 있다. 결국, 행동 요법의 체중 관리 프로그램에서 운동을 장기적으로 해야 한다는 것을 입증하고 있다.

예를 들어, Wood(1988) 등은 1년 동안 아무런 처치도 하지 않는 통제 그룹(0.6kg 증가)에 비해 운동그룹에서는 4.0kg의 체중 감량이 나타났다. 또한 식이 요법에 추가된 운동 요법은 식이 요법만 실시한 경우보다 1년 동안의 개입 기간 중 남성에게서 상당한 개선을 보였으며(−8.7kg vs −5.1kg), 여성에게서도 비슷한 양상을 보였다(−5.1kg vs −4.1kg). 그러나 운동은 장시간에 걸쳐 유지되어야만 효과적이다. 과체중 여성의 연구에서 Jakicic(1999) 등은 운동을 18개월 동안 지속한 사람들은 지속하지 않은 사람들과 비교하여 오랫동안 더 많이 체중이 감량되었음을 보고하고 있다.

(3) 체중 증가의 예방

비만을 치료하는 데에는 초기 체중 감량 이후에 체중이 다시 증가하는 것을 예방하거나 최소화하는 것이 매우 중요한 요인이다. 특히 운동은 초기의 체중 증가 예방에 많은 도움을 주는 것으로 알려져 있다. Dipietro (1993) 등은 신체활동과 신체 질량 지수 사이의 역관계를 보였고, 운동이 성인의 체중 증가를 예방하거나 최소화하는 중요한 역할을 하고 있음을 제시하였다. 특히 심폐지구력을 개선하는 활동의 증가는 체중 증가 예방에 유익한 것으로 나타났다.

몇몇 연구를 보면 신체활동의 증가가, 특히 이미 과체중이나 비만이 진행된 사람들에게 매우 중요하다는 것을 지적하고 있다. Leermakers (1998) 등은 운동 증가가 남성의 체중 증가를 최소화할 수 있는지에 대한 연구를 하였다. BMI가 22~30인 남성을 대상으로 운동을 하는 실험그룹과 그렇지 않은 통제그룹으로 나누었다. 결과는 BMI를 기준으로 봤을 때 (22~26.9 vs 27~30), 체중의 변화는 BMI에 따라서 다르게 나타났다.

BMI 22~26.9인 남성은 실험그룹과 통제그룹이 각각 1.2kg과 0.6kg의 체중 감량을 보였고, BMI 27~30인 남성은 실험그룹이 2.7kg 감량한 것에 비하여 통제그룹은 1.5kg의 체중 감량을 보였다. 이 결과는 과체중이나 비만인 사람에게 초기의 운동 프로그램은 체중 증가를 예방하고 체중 감량의 효과가 있다는 사실을 보여 주었다.

2) 신체활동과 비만 예방의 영향 요인

(1) 에너지 소비

일반적으로 하루에 인간이 소비하는 에너지는 안정 시 에너지 소비(REE; resting energy expenditure), 발열 효과(TEF; thermic effect of food), 신체활동에 의한 에너지 소비(EEPA; energy expenditure from physical activity)의 세

가지로 나누어진다. 신체활동에 의한 에너지 소비는 일일 총 에너지 소비의 변화가 가장 큰 부분으로, 이 요소의 증가는 체중 관리에 가장 큰 영향을 줄 수 있다.

일일 총 에너지 소비에 대한 신체활동의 에너지 소비 효과를 보면, 신체활동에 의한 에너지 소비가 일일 총 에너지 소비에 영향을 주는 크기를 고려해야 한다. 90kg의 한 남성의 예를 들어 보자. 1대사 당 양(MET)을 1kcal/kg/hr이라고 가정한다. 안정의 조건에서 이 남성은 하루 약 2,160kcal를 소비한다. 그가 30분간 빠른 속도의 걷기(4.0 METs)를 한다는 것은 현재의 최소 신체활동 권장량이다.

이 사람이 매일 180kcal의 에너지를 소비하려고 한다면, 이것은 안정 시 수준보다 8%의 에너지 소비가 증가하는 것이다. 단지 에너지 소비의 증가에만 의존하면 이 남성은 약 19일에 0.4kg의 체중 감량을 할 수 있으며, 따라서 초기 6개월 동안은 4kg을 감량할 수 있다. 그러나 운동만을 이용한 체중 감량은 이 양보다 적으며, 개인의 신체 상태에 따라 다르게 나타난다.

일일 총 에너지 소비에 직접 영향을 주는 것 외의 신체활동은 그 자체로 에너지 소비에 다른 영향을 줄 수 있다. 한 가지 고려해야 하는 요소는 활동의 기간에 따라서 에너지 소비를 증가시킬 수 있으며, 이것은 운동 후 과잉 산소 소모량(EPOC; excessive postexercise oxygen consumption)의 용어로 설명된다. 최근 연구에서 보면 운동 후 상대적으로 짧은 기간에 산소 소모량이 안정 시의 대사 값 이상이 됨을 보여 준다. 한 연구에서 최대 산소 섭취량 70%에 해당하는 1회의 운동 뒤, 운동 후 과잉 산소 소모량이 기준선으로 돌아오는 시간은 훈련된 사람은 약 40분이었으며, 훈련되지 않은 사람은 50분이었다.

또한 운동 후 과잉 산소 소모량의 크기는 훈련된 사람과 훈련되지 않은 사람 모두 약 3.5L로, 이는 운동 수준을 상회하는 약 17.5kcal의 증가를 가져온다. 이 결과는 운동 후 과잉 산소 소모량이 체중 조절에 중요한 영향을 줄 수 있도록 규칙적으로 운동을 해야만 한다는 것을 시사하고 있다.

안정 시 에너지 소비는 일일 총 에너지 소비의 가장 큰 부분을 차지하며, 신체의 에너지 균형에 중대한 영향을 준다. 따라서 체중 감량 중 안정 시 에너지 소비량의 변화는 매우 중요하게 작용한다. 이것은 특히 체중 관리를 위해 칼로리 제한을 할 때 건강상의 문제가 될 수 있다. 90일 간 최저 칼로리 식이를 하면 안정 시 에너지 소비는 하루에 138kcal가 감소한다. 반면, 에너지 섭취는 더 감소하여 결과적으로 체중의 감량은 더 줄어든다. 그러나 안정 시 에너지 소비의 감소는 감량된 체중에서 기대되는 것 이상은 되지 않는다.

(2) 운동과 다른 체중 감량에 관련된 행동

운동은 에너지 소비에 영향을 줄 뿐 아니라, 체중 감량에 관계된 다른 행동에 대한 잠재적인 영향을 주기 때문에 체중 관리에 더욱 중요하다. 예를 들어, Emmons(1998) 등은 신체활동의 증가는 과일과 채소의 높은 소비와 관련된다고 제시하였다. 또한 장기적 체중 감량에 성공한 사람들은 신체활동에도 참여하고, 식이 조절과 저지방을 선택하는 식이습관 등 중요한 변화를 한다고 지적하고 있다.

Jakicic(2002) 등은 운동 참여와 식이행동이 개선에 중요한 긍정적 상관관계를 보이고, 두 요소는 장기적인 체중 감량 개선에 많은 기여를 한다고 보고하였다. 이러한 연구 결과에도 불구하고 활동의 변화가 이 같은 행동을 가능하게 하는지, 아니면 행동이 단순히 연계되는 것인지는 불분명하다. 하지만 신체활동의 참여는 장기적으로 볼 때 체중 감량에 기여하는 요소 중 하나가 된다. 이러한 사실은 운동을 행동 요법과 관련된 체중 감량 개입으로 포함시킬 필요가 있다.

3) 체중 관리를 위한 신체활동 권장사항

(1) 신체활동의 적정량

일반적으로 체중 관리 및 건강 유지를 위하여 매일 중강도의 운동을 30분씩 하는 것이 좋다고 알려져 있다. 이러한 운동 수준은 좌식 생활자에 해당되는 사항이다. 장기적인 체중 감량을 목적으로 하는 사람들은 최소한의 신체활동량보다는 더 높은 운동 수준을 가져야 한다. Schoeller(1997) 등은 체중 감량 프로그램에 따른 개인별 에너지 소비를 측정한 결과, 적어도 중간 강도로 하루 80분씩 운동 혹은 고강도의 35분의 운동이 장기적인 체중 감량 및 유지에 필요하다고 보고하였다.

Klem(1997) 등은 건강한 사람들의 활동 수준을 측정한 결과 여성과 남성 각각 2,667kcal와 3,488kcal 수준의 활동을 하고 있다고 보고하고 있다. Jakicic 등의 연구에서도 18개월 동안 주당 평균 280분 운동을 한 사람들은 그 이하 수준의 운동량을 가진 사람보다 체중 감량과 더 지속적인 체중 유지를 보여 주었다.

(2) 운동의 종류

과체중자의 운동량과 더불어 운동의 종류는 체중 관리에 매우 중요한 요소다. 일반적으로 체중 감량 운동으로는 유산소 운동이 보편화되어 있다. 대표적인 유산소 운동은 걷기며, 또는 러닝머신을 이용하거나 에어로빅 댄스를 하는 것이다. 이 모든 것은 체중 감량에 유익한 결과를 준다. 유산소 운동으로 향상되는 체력 요소 중의 하나는 심폐 능력이다. 남성과 여성을 대상으로 한 연구에서는 식이 요법만 시행한 통제집단에 비하여 운동집단의 심폐 능력이 향상되었다.

Wood(1988) 등은 1년 동안 운동만 처치한 조건에서 체력의 유의한 향상을 보여 주는 연구를 입증하였으며, 148명의 좌식 생활을 주로 하는 과

체중 여성에 대한 연구에서 걷기 운동이 유산소 운동으로 선호되는 종목 임을 보여 주었다. 이 결과는 유산소 운동이 과체중인 사람의 심폐 능력을 향상시키고, 개인 건강에 유의한 향상을 주고 있다는 것을 보여 준다.

지난 10년 동안은 체중 조절에서 저항성 운동의 효율성에 대한 관심이 증가되었다. 이것은 제지방 질량의 증가와 관련된 것으로, 체중 감량 기간에 안정 시 기초 대사율이 낮아지기 때문이다. Kraemer(1999) 등의 연구에서는 식이 요법과 유산소 운동 처방에 저항성 운동을 추가하는 것은 제지방 질량의 감소를 방지하는 것으로 나타났다. 극심한 칼로리 제한을 하는 기간에 저항성 운동은 근육의 횡단 면적을 증가시키는 것으로 나타났으나 이것이 전체적인 제지방 질량의 감소를 최소화하지는 않는 것으로 보인다.

또한 저항성 운동은 식이 요법에 의한 체중 감량에서 안정 시 기초 대사율의 감소를 유의하게 줄이지 못하였으며, 유산소 운동에 비하여 체중 감량을 향상시키지 못하였다. 저항성 운동의 역할 연구에 대한 한계점은 저항성 운동에 대한 장기적인 연구가 수행되지 않았다는 점이다. 이는 많은 연구들이 개입 기간을 6개월 정도로 설정하기 때문이며, 이 기간을 넘어서는 연구는 아주 적기 때문이다.

체중 감량 운동 연구의 결과는 유산소 운동과 저항성 운동이 아주 특별한 장점을 가지는 것을 보여 준다. 따라서 운동의 양식은 사람들이 선택하는 것으로 원하는 추가적인 목표에 달려 있다. 가장 이상적인 방법은 유산소 운동과 저항성 운동을 혼용하고, 또한 식이 요법도 같이 수행해야 한다. 또한 다른 형태의 운동을 예로 들면 스트레칭, 요가, 무술 등도 가능하지만, 이러한 특정 운동의 이용은 체중 감량 유지와 증진에는 크게 효과적이지 않다.

4) 신체활동의 수행과 유지를 위한 전략

신체활동의 증가와 규칙적 운동의 참여는 과체중인 사람에게 매우 유익한 것으로 보고되고 있다. 운동과 식이 요법을 병행하면 단기간 체중 감량에 효과가 있으며, 초기의 체중 감량에 따른 체중의 재증가를 방지하거나 최소화시킨다. 또한 운동은 체력을 개선하고 건강에도 독립적인 효과를 준다. 이러한 중요한 이점에도 불구하고 과체중인 사람들이 더 활동적이고 높은 수준의 운동을 유지하는 데에는 어려움이 따른다. 운동 개입이 필요한 다른 만성 질환과 유사하게 운동을 시작하는 사람들의 50%는 6개월 안에 이를 포기하고 이전 상태로 되돌아가게 된다. 따라서 체중 감량을 목표로 한 운동을 효과적으로 이용하기 위하여 다음과 같은 행동 요법이 시행되어야 한다.

↘ 자기관리적인 운동

• 집에서의 운동과 헬스센터에서의 운동: King(1991) 등은 50~65세의 여성과 남성을 대상으로 집과 헬스센터에서의 운동 상태를 연구하였다. 이 연구는 집에서의 운동이 심폐지구력을 유의하게 개선시켰고, 이 증가는 관리된 운동 처방 조건에서 보는 결과와 유사하였다. 또 집에서의 운동은 헬스센터보다 더 많은 지속성을 보여 주는 결과가 나타났다. 이 차이는 개입 처치 후 2년 동안 지속되었는데, 차이는 특히 트레드밀 심박수 최고점의 73~88%의 강도로 운동 처방을 받은 사람에게 뚜렷하게 나타났다.

또한 Perri(1997) 등은 BMI가 27~45 범위의 여성들을 대상으로 체중 감량 행동 요법으로 가정에서 하는 운동에 대하여 연구를 하였다. 이 연구의 결과는 가정에서의 운동이 6~12개월의 개입 기간에 더 높은 강도의 운동을 계속하는 데 더 효율적임을 보여 주었다. 이것은 헬스센터보다는 장기적으로 체중 감량의 효과를 계속 유지할 수 있다는 것을 보여 준다. 이처럼 연구 결과는 가정에서의 운동이 참여도를 높이고, 좌업 생활자면서 과체중인 사람에게 특히 중요한 것으로 나타났다.

• 생활 속의 신체활동: 어떤 학자들은 더 많은 운동을 생활화하는 것을 권장한다. 승강기보다는 계단을, 버스를 타기보다는 걷기 등의 일상적인 활동을 강조하는 것이다. 행동 요법의 개입은 그러한 접근법의 효율성을 주고 있다. 프로젝트 액티브(project active)는 체력과 건강 관련 변인 변화를 위한 생활 중 운동의 효율성을 임상실험한 결과, 생활양식 접근법은 체력 변화에 있어 24개월간에 걸쳐 전통적인 구조화된 운동 프로그램만큼 효과적인 것으로 나타났다.

Andersen 등도 신체활동의 생활 접근법의 효율성을 40명의 과체중자의 연구에서 밝혔다. 이 연구는 식이 요법과 병행하여 12개월간 생활 중 활동량을 높이는 방식이었는데, 같은 기간에 체중 감량을 위하여 규칙적으로 운동을 실시한 경우만큼이나 효과적이었다.

• 간헐적인 운동과 지속적인 운동: 과체중인 여성을 대상으로 한 연구에서 1회 10분씩 운동량을 하루에 여러 차례씩, 20주 동안 행동 요법적 체중 감량 프로그램을 수행한 결과 긍정적인 결과가 나타났다. 이 연구의 결과로 이전의 좌업 생활자였던 많은 사람들이 운동 참여를 높이는 데 효율적인 방법이라는 것을 입증하였다.

또한 18개월 동안 과체중인 여성 좌업 생활자를 대상으로 초기 6개월간은 식이 요법을 포함한 행동 요법적 개입으로 간헐적인 운동을 실시하였다. 결과를 보면 간헐적인 운동이 기존의 계속적인 운동과 비교하여 초기 운동 참여율을 높이는 데 효율적이었다. 그러나 간헐적인 운동은 그 이후 12개월에 걸친 조사에서는 운동의 참여도나 체중 감량에 대하여 유의한 차이가 없었다. 이처럼 간헐적인 운동이 좌업 생활자 여성의 초기 운동 참여도를 개선할 수 있으며, 좀 더 장기적으로 보면 운동의 기존 접근법만큼이나 효과적이라는 것을 보여 준다. 따라서 기존의 계속적인 운동량을 고집하는 접근법으로 운동하는 데 어려움을 가진 사람들에게는 좋은 방법이 된다.

제4장

소아 비만과 관련 질병

소아 비만과 당뇨병

↘ 세계적인 추세

현재 세계적으로 당뇨병 환자는 1억 3천5백만 명으로 추정되고 있으며, 향후 2025년에는 두 배로 늘어날 것으로 예측되고 있다. 이는 국민 10명 중 1명이 당뇨병 질환을 앓는다는 것이다. 당뇨병은 부국의 노인들의 질병으로 알려졌으나 현재에는 빈국의 중년층에까지 확대되고 있다. WHO에 의하면 2000년 빈곤국의 당뇨병 환자는 1억 1천5백만 명이었으며, 30년 뒤인 오는 2030년에는 2억 8천4백만 명에 달할 것으로 예상하고 있다.

↘ 아이들과 10대들 사이의 당뇨병 발병

세계적으로 성인형 당뇨병인 당뇨가 급증하고 있으며, 성인형 당뇨병 환자 중 아이들과 10대 청소년이 최고 45%까지 급증하고 있다. 뉴욕, 대만, 뉴질랜드, 캐나다의 경우 청소년들의 2형 당뇨병 발병률이 45% 이상이 되고 있다. 이렇게 급증하고 있는 원인은 식생활의 서구화와 생활의 여유로 식생활 패턴이 급격히 바뀌면서 비만 인구가 많아지는 대신 운동 부족과 스트레스 현상은 더욱 가중되기 때문이다.

↘ 우리나라의 당뇨병 발병 추세

지난 2000년에 당뇨병 환자가 185만 명이었으나, 향후 2030년에는 337만 명으로 30년 사이에 두 배 가까이 증가할 것으로 예상하고 있다. 북한의 당뇨병 환자도 같은 기간에 36만 7천 명에서 63만 4천 명으로 증가할 것으로 예측된다. 우리나라 국민 100명 중 8명이 당뇨병을 앓고 있다. 우리나라 사망 원인 중 당뇨병이 차지하는 비율을 보면 1970년대에 전체 사망 원인의 0.3%이고, 1992년에는 전체 사망 원인 가운데 1천 명당 13.5명으로 7위, 2002년에는 전체 사망 원인 가운데 1천 명당 25명으로 4위로 급격하게 증가하였다.

　↘ 당뇨병의 원인은 아직까지 정확히 밝혀지지 않았으나 유전, 비만, 바이러스 감염, 스트레스, 약물 남용, 운동 부족 등과 관련이 있는 것으로 알려져 있다. 서양의학의 경우 당뇨는 완치가 어려운 질병으로 여겨지며, 치료법으로는 경구 혈당 강하제나 인슐린 주사 등의 약물 요법에 의한 혈당 조절 관리에 치중하면서 규칙적인 식사와 운동으로 당뇨를 조절한다. 한방에서는 '소갈병'이라 하여 인슐린을 외부에서 일방적으로 공급해 주는 방식이 아니라, 인슐린 분비를 촉진하고 인체의 신진대사를 활성화시켜 주는 자연산 약성분을 지속적으로 공급해 줌으로써 인체의 면역기능과 항상성을 정상화시켜 주는 데 중점을 두고 있다.

1) 유전적인 요인

현재까지 밝혀진 당뇨병의 원인으로는 유전적인 요인이 가장 크다. 즉, 부모가 모두 당뇨병인 경우 자녀의 당뇨병 발병률은 60% 정도이고, 부모 중 한 사람만 당뇨병인 경우 30% 정도다. 그러나 유전적인 요인만으로 당뇨병이 발생하는 것은 아니며, 여러 가지 환경적인 요인이 작용하여 발생하는 것으로 알려져 있다.

2) 환경적인 요인

(1) 비만

"뚱뚱하면 일단 당뇨병을 의심하라."는 말이 있듯이 비만은 당뇨병과 밀접한 관련이 있다. 계속된 비만은 몸 안의 인슐린 요구량을 증가시키고, 그 결과 췌장에서 인슐린을 많이 만들어도 비만으로 늘어난 넓은 면적(세포)에는 턱없이 모자라 혈당이 계속 증가한다(인슐린 저항성).

(2) 운동 부족

운동 부족은 비만을 초래하고, 비만은 당뇨병의 원인이 될 수 있다.

(3) 임신

임신 중에 증가하는 호르몬이 인슐린의 혈당 강화작용을 방해하기 때문에 당뇨병이 생기기 쉬운 조건이 된다. 가족 중에 당뇨병 환자가 있거나, 고령이고 다산과 거대아(4kg 이상) 출산 경험, 수차례의 자연 유산 및 사산, 양수과다증이 있는 경우에는 주의해야 한다.

(4) 스트레스

정신적으로나 육체적으로 긴장 상태를 유발하는 스트레스는 인슐린의 작용을 방해하는 호르몬을 증가시키기 때문에 당뇨병 유발인자와 동시에 진행되는 경우 당뇨병의 원인이 될 수 있다. 감기 유발 바이러스, 볼거리, 풍진, 간염 바이러스 등 바이러스에 감염된 경우 췌장에도 염증을 일으켜 인슐린 분비 저하를 유발한다.

(5) 약물

부신피질 호르몬제, 일부 혈압약(이뇨제, 베타차단제), 경구 피임약 등이 당뇨병을 유발하므로 올바른 약의 사용과 정기검진이 필요하다.

당뇨병은 체내에서 여러 가지 원인으로 인슐린의 작용이 충분하지 않거나 또는 결여되어 탄수화물, 지방, 아미노산, 염류의 대사에 장애가 생긴 상태다. 체내에서 탄수화물이 충분하게 이용되지 않기 때문에 여분의 포도당이 혈액 중에 많이 남아 결국 고혈당이 되는데, 이러한 고혈당을 주 증상으로 하는 질병이 당뇨병이다. 또한 당뇨병이 진행되면 지방이 효율적으로 산화되지 않고, 산성 물질인 케톤체가 생성되어 혈액이 크게 산성으로 기울어 케토산증을 일으킨다. 소아형 당뇨병은 의식이 장애된 당뇨병 혼수로 발생하는 것이 많은데, 인슐린 부족에 의한 케토산증이 주된 원인이다.

음식물로 섭취된 탄수화물이나 지방은 체내에서 산화되어 에너지원으로 이용됨과 동시에 여분의 에너지원은 중성지방으로서 지방조직에 축적된다. 이와 같이 몸의 대사기능이 효율적으로 작용하도록 조절하는 것이 '인슐린'이라는 호르몬이다. 인슐린은 내분비기능을 담당하는 랑게르한스섬의 β세포로 합성되어 분비되며, 체내에 탄수화물 섭취 시 포도당(혈당)을 낮추어 주는 역할을 담당하고 있다.

3) 당뇨병의 분류

(1) 인슐린 의존형 당뇨병(1형 당뇨병 – IDDM)

인슐린이 만들어지고 분비되는 췌장이 파괴되면서 발생하는데, 만성 췌장염을 앓고 난 후 당뇨병이 생기는 경우다. 그러나 췌장이 파괴되어 인슐린 분비가 떨어지는 경우보다는 선택적으로 β세포가 파괴되는 경우가 많으며, 어떤 면역학적인 이상 또는 유전적인 소인, 바이러스, 약물과 독소 등이 복합적으로 작용하여 β세포가 파괴된다고 보고 있다. 우리나라에서 1형 당뇨병은 전체 당뇨병의 1% 정도이고, 주로 소아나 젊은 사람에게서 발생하며 체중이 정상 또는 마른 경우가 대부분이다.

현재까지 소아 당뇨병은 평생 인슐린 주사를 필요로 하는 1형 당뇨병이라고 생각되어 왔지만 최근에는 2형 당뇨병의 발생률이 높아지면서 소아 당뇨병의 대부분을 차지하고 있다. 일본에서 소아의 1형 당뇨병의 발생률이 연간 10만 명당 1.5명인 것에 비해, 2형 당뇨병의 발생률은 연간 10만 명당 4~7명이라고 추측되고 있다. 최근 30년간 비만의 증가 중 소아 2형 당뇨병이 급격하게 증가하고 있으며, 생활습관의 변화, 식생활의 서구화가 그 원인이 되고 있다.

소아 당뇨병은 어른의 경우와 같이 1형 당뇨병, 2형 당뇨병, 특정 원인에 의한 그 밖의 형태의 당뇨병, 임신성 당뇨병의 네 가지로 구분되는데, 주로 1형이나 2형 당뇨병이 가장 많이 발생한다. 1형 당뇨병은 췌장의 β세포 기능 저하로 인슐린의 합성 및 분비 저하, 인슐린의 부족 및 결여가 주원인이다. 일단 파괴된 췌장 β세포는 체내에서 회복되지 않기 때문에 1형 당뇨병의 치료는 인슐린 주사에 의해 인슐린을 투여하는 방법이 주로 사용된다.

인슐린 요법과 식사 요법으로 치료하고 있는 1형 당뇨병인 아동이 비만인 경우는 적지 않다. 1형 당뇨병은 췌장에서 인슐린이 생성되지 않기 때문에 혈당을 조절하기 위해서 충분한 인슐린을 주사로 보충하지만, 인슐린에는 체내에서 지방을 만드는 작용이 있으므로 비만이 되기 쉽다. 비만이 진행되면 인슐린 저항성이 증가하므로 주사로 인한 인슐린 양이 더욱 증가하게 되어 다시 비만을 조장한다. 그리고 혈당 조절이 어려워져 눈이나 신장의 합병증이 진행되어 실명이나 신부전의 위험을 증대시킨다. 게다가 혈액 중의 지질은 당뇨병 그 자체에서도 높아지는데 비만은 이것을 조장하므로 동맥경화가 진행되어 심근경색이나 뇌졸중의 위험이 높아진다.

반대로 주사한 인슐린의 효과가 너무 강해 혈액 중의 포도당이 부족해져서 가끔 의식을 잃는 경우도 있다(저혈당). 이때 저혈당을 막기 위해 필요 이상의 보식을 하면 에너지 과잉이 되어 주사한 인슐린의 기능에 의해 비만으로 연결된다. 저혈당을 일으키지 않고 효과적으로 혈당을 조절하고 비만을 일으키지 않기 위해서는 적절한 인슐린 요법과 식사 요법이 매우 중요하다.

1형 당뇨병의 치료 방법으로는 연령에 맞는 활동이나 성장에 필요한 에너지를 섭취하고, 대사하는 데 충분한 인슐린을 보충하는 것이 필요하다. 운동은 비만에 의한 인슐린 저항성을 개선하는 효과가 있어 권장되지만, 인슐린 양의 조절 등으로 저혈당을 예방하는 것이 중요하다.

(2) 인슐린 비의존형 당뇨병(2형 당뇨병 – NIDDM)

인슐린이 췌장에서 분비되지만 말초 장기인 간이나 근육에서 인슐린의 작용 효과가 떨어지면 인슐린 저항성이 생기면서 발생한다. 초기에는 췌장의 β세포가 더 많은 인슐린을 분비하여 혈당을 어느 정도 유지할 수 있으나, 시간이 지날수록 인슐린에 대한 저항이 더 커져서 인슐린의 효과가 더 떨어지며 β세포는 많은 인슐린을 만들기 위하여 계속 무리를 하다가 결국에는 지쳐버린다. β세포가 지치면 인슐린 분비가 오히려 떨어지는 현상이 나타나며 이때부터 혈당이 급격하게 오른다. 전체 당뇨병 환자의 95% 이상이 2형에 해당되며, 인슐린 저항성의 가장 큰 원인은 비만이다.

2형 당뇨병은 비만과 밀접한 관련이 있으며, 췌장 β세포에서 인슐린이 합성, 분비되지만 인슐린에 대한 반응이 둔하고 탄수화물이나 지방 등이 효율적으로 대사되지 않는 것이 원인이다(인슐린 저항성). 소아 비만이 진행되면 인슐린 저항성이 증가하고, 실제 2형 당뇨병의 75~85%는 발병 시에 비만을 동반하고 있다. 2형 당뇨병에서는 자각 증상이나 중증감이 부족하기 때문에 치료에 동기 부여가 어렵고, 신장의 합병증은 1형 당뇨병보다 오히려 빨리 진행된다. 따라서 식사 요법이나 운동 요법으로 비만을 해소하여 인슐린 저항성을 낮추는 것이 2형 당뇨병 치료의 기본이 된다.

2형 당뇨병의 치료는 식사 요법과 운동 요법이 기본인데, 식사 요법은 섭취 에너지 양 및 지방량을 1일 섭취량의 80% 정도로 줄인다. 극단적인 식사 제한은 신경성 식욕 부진증이나 과식증 등 심리적 장애의 원인이 되기 때문에 주의가 필요하다. 지방 섭취의 과잉은 인슐린 저항성을 조장하므로 지방의 에너지 비를 성인과 같이 25%까지로 하는 것이 바람직하다. 운동은 인슐린 저항성을 개선시키는 가장 효과적인 방법이다. 통학이나 체육수업 이외에 1일 60분 이상, 섭취 에너지의 10% 이상을 운동을 통해 소비하도록 한다.

〈표 4-1〉 당뇨병의 종류

	1형 당뇨병	2형 당뇨병
발생 연령	일반적으로 40세 이전	일반적으로 40세 이후
체중	마른 체격	일반적으로 과체중, 비만
증상	갑자기 나타남	서서히 나타남
체내의 인슐린 생산	생산하지 못함	소량 생산, 작용이 제대로 되지 않음(인슐린 저항성이 있음)
인슐린 치료의 필요성	반드시 필요함	필요할 수 있음
다른 명칭	소아형 당뇨병	성인형 당뇨병

출처: 임완기, 박계순, 오광진, 육조영, 이병근, 장창현, 정동춘, 최기수, 황종문(2004). 성인병과 운동처방. 도서출판 홍경, p. 32.

(3) 임신성 당뇨병

임신 중 고혈당이 있을 때에 '임신성 당뇨병'이라고 하며 대부분 출산 후에는 없어진다. 임신성 당뇨병은 전체 여성의 3~5%에서 발생되며, 임신 중 태반 호르몬이 인슐린의 효능을 떨어뜨리는 것이 원인이다.

(4) 영양실조 관련 당뇨병

단백질의 결핍으로 췌장의 기능이 부진해지고 이로 인해 인슐린 분비 부족이 발생하거나 여러 가지 당뇨병을 일으킬 수 있는 환경적 요인에 대한 민감성 증가 등이 당뇨병을 유발할 수 있다. 인도 등의 열대지역과 개발도상국에 많이 나타나고 우리나라에서도 가끔 볼 수 있다.

(5) 내당능 장애

아직은 당뇨병의 범주에는 속하지 않으나 정상보다 혈당 수치가 높은 것을 말한다. 이들은 당뇨병에서 생기는 여러 가지 만성 합병증 발생률이 정상인보다 높기 때문에 추적 관찰이 필요하다. 관리가 제대로 되지 않으면 당뇨병이 진행되어 대략 5~10년 후 이들 중 10~25% 정도에서 당뇨병이 발생하는 것으로 보고된다.

(6) 기타형 당뇨병

췌장 질환, 호르몬 관련 질환, 약물 또는 화학물에 의한 것, 인슐린 또는 인슐린 수용체의 이상, 특정 유전성 질환 등이다.

〈표 4-2〉 당뇨병의 분류

유형	원인
1형 당뇨병	췌장 β세포의 파괴
2형 당뇨병	인슐린 저항성 인슐린 분비기능 저하
특정 원인 및 기타 형태의 당뇨병	특정 유전자의 이상 다른 질환 조건에 수반
임신 당뇨병	임신 중에 발생 또는 발견

출처: 대한비만학회 소아비만위원회 편(2006). 소아·청소년 비만관리 지침서. 청운, p. 70.

4) 당뇨병의 예방법

(1) 규칙적인 운동

규칙적인 운동은 당뇨병 예방에 필수다. 당뇨병 환자에게 적합한 운동은 심폐기능을 향상시키고 당 대사기능을 개선하는 유산소성 운동과 근육량을 유지하거나 증가시키고 근력 및 근지구력을 높여 주는 웨이트 트레이닝을 실시하는 것이 좋다. 당뇨병 환자에게 적합한 운동 에너지 사용량은 하루 200~300kcal로서 식이 요법과 병행하면 효과가 더욱 좋다.

(2) 운동 순서

① 준비 운동(10분)

어떤 운동이든 준비 운동은 필수다. 근육을 처음 움직일 때는 산소를 필요로 하지 않기 때문에 스트레칭으로 굳어져 있는 근육을 풀어주어야 한다.

② 유산소 운동(30분)

준비 운동으로 몸에 자극을 준 다음 유산소 운동을 시작한다. 몸에 들어온 에너지원은 글리코겐이나 지방으로 저장되며 필요한 경우에 분해되어 다시 사용된다. 유산소 운동을 통해 충분한 양의 산소가 공급되면 글리코겐은 이산화탄소와 물로 완전히 분해되어 땀과 호흡을 통해 몸 밖으로 배출되고 지방이 에너지원으로 전환되어 사용되기 때문에 체지방이 줄어든다. 처음 5분간은 느린 속도로 하고 몸이 조금 더워지는 느낌이 들면 무리가 안 갈 정도의 속도가 될 때까지 조금씩 속도를 올리면서 30분 정도 유산소 운동을 한다.

③ 무산소 운동(15분)

유산소 운동을 한 후에는 15분 정도 근력 운동을 하는 것이 좋다. 근력 운동은 지방보다는 당분을 에너지원으로 사용한다. 무산소 운동은 산소를 사용하지 않은 상태에서 에너지를 만들어 내기 때문에 갑자기 격한 운동을 하면 오히려 근육이 딱딱해지고 몸을 움직일 수 없게 된다. 따라서 유산소 운동으로 몸에 충분한 산소를 공급한 후에 무산소 운동을 해야 한다.

④ 정리 운동(5분)

당뇨병 환자에게 마무리 운동은 특히 중요하다. 운동 후 바로 휴식을 취하면 근육 내에 있는 노폐물이 잘 빠지지 않고 근육에 있는 혈액이 내장으로 효과적으로 흐르지 않아서 어지럼증이나 고혈당 증상이 나타나기도 한다. 또한 마무리 운동을 하지 않으면 운동 후 불쾌한 느낌이 지속될 수 있고 근육통이 생길 수 있다. 마무리 운동은 근력 운동을 한 후 5분 정도면 적당하다.

(3) 당뇨 예방을 위한 식사 원칙

① 본인에게 맞는 필요 열량을 지켜서 섭취한다. 하루 필요 열량은 개인의 키, 몸무게, 활동량, 비만도, 식사습관 등을 고려하여 설정한다.
② 세 끼 식사와 간식을 규칙적으로 정해진 시간에 섭취하고 거르지 않는다.
③ 음식은 싱겁게 먹는다.
④ 조리 방법은 튀김이나 전보다는 볶음, 구이, 찜, 조림 등이 좋다.
⑤ 육류(소, 돼지고기) 및 가금류(닭) 조리 시 지방, 비계나 껍질은 반드시 제거한다. 문제는 육류의 종류가 아니라 얼마나 기름진가 하는

것이다. 육류에 포함된 동물성 지방(비계, 껍질 등)은 혈중 지질 농도(특히 중성지방, 콜레스테롤)를 높여 혈관에 기름기를 끼게 해서 거대혈관 합병증을 발생시킬 수 있다.

⑥ 섬유소가 풍부한 식품(채소, 해조류, 버섯류 등)은 충분히 섭취한다. 섬유소는 혈당 및 혈중 지질 농도를 떨어뜨리는 데 도움이 될 뿐 아니라 포만감을 주므로 식이 요법 시 발생할 수 있는 공복감 등에 효과를 볼 수 있다.

⑦ 외식을 할 때는 설탕을 많이 사용한 음식이나 튀긴 음식, 기름기가 많은 중국음식, 성분을 알 수 없는 음식 등은 먹지 않는다. 권장할 만한 음식으로는 밥이 따로 제공되는 비빔밥, 쌈밥, 백반류 등이며 식사 내용이 너무 한 가지 식품군에 몰려 있는 칼국수, 냉면 등의 면류나 설렁탕이나 곰탕 등의 기름진 요리는 일주일에 1~2회 한 그릇 정도가 좋다.

⑧ 평상시 단순당의 섭취를 줄인다. 술, 콜라, 초콜릿, 케이크, 사탕, 꿀 등의 단순당질은 섭취 후 15~20분 사이에 혈당을 급격히 상승시킬 수 있으며, 과잉 섭취는 혈중 중성지방 농도를 높일 가능성이 있다.

2 소아 비만과 고지혈증

고지혈증(hyperlipidemia)이란 혈액 내에 너무 많은 지방성분이 들어 있는 것으로, 혈관 내 총 콜레스테롤이나 중성지방의 양이 정상치 이상으로 증가된 상태다. 최근에는 '이상지질혈증'이라고도 한다. 콜레스테롤은 조직세포를 구성하는 중요한 역할을 하지만 각종 성인병 발생의 배후

136

조종자와 같은 좋지 않은 역할도 한다. 특별히 저밀도 지단백 콜레스테롤(LDL)은 장에서 흡수한 콜레스테롤을 동맥벽으로 운반·침착시켜 혈액의 흐름을 방해하거나 혈관을 막히게 하는 등의 해를 끼친다.

인체의 혈관에 지질이 많으면 동맥경화증, 협심증 등의 허혈성 심장병, 심부전증 등을 유발하며, 질환이 악화되면 가슴이 두근거리거나 아프고 가쁜 숨을 쉬며, 숨이 차고 수족이나 얼굴에 부종이 생기는 등의 증상이 나타난다. 또 평상시 술을 많이 마시는 사람들에게는 간에 지방이 쌓이는 지방간(fatty liver) 증상이 나타난다. 따라서 고지혈증을 예방하기 위해서는 술을 줄이거나 운동을 규칙적으로 하는 습관을 갖는 것이 바람직하다.

고지혈증은 고에너지·고지방의 식생활과 신체활동 저하가 주 원인이다. 지방성분 중 콜레스테롤은 인체기능을 정상으로 유지하는 데 필수적인 지방의 하나로 여러 가지 호르몬의 재료가 되는 성분이다. 또한 콜레스테롤이 부족하면 생식기능의 저하, 두뇌 발달의 미숙, 피부 거칠어짐 등이 나타나지만 콜레스테롤이 과잉되면 고지혈증이나 비만과 밀접한 관련이 있게 된다.

1) 고지혈증의 원인 및 분류

고지혈증의 원인은 유전성 고지혈증과 이차성 고지혈증으로 나눌 수 있다. 유전성 고지혈증은 유전 요소에 기인하므로 가족 가운데 고지혈증 환자가 있으면 발생 빈도가 상대적으로 높아진다. 이차성 고지혈증은 포화지방산이 많이 함유된 동물성 지방의 과다한 섭취나 당질의 과다 섭취, 비만이나 질병(갑상선기능 저하증, 당뇨병, 신장병) 또는 약물 남용 등이 원인이 된다.

(1) 유전적 영향

몇 가지 지단백 이상에서는 유전적 영향이 나타나지만, 관상동맥 질환에서는 유전적 요소보다 환경적 요소의 영향이 크다.

(2) 연령과 성별

총 콜레스테롤, LDL-C, 중성지방의 혈장 농도는 일반적으로 연령과 함께 증가하지만 HDL-C는 사춘기 이후 크게 변하지 않는다. 여성의 LDL-C 농도는 일반적으로 남성보다 낮고, HDL-C 농도는 남성보다 높다.

(3) 비만

일반적으로 비만인 사람은 중성지방, 초저밀도지질단백질, LDL-C는 높게 나타나고, 고밀도지질단백질은 낮게 나타나는 경향이 있다.

(4) 식사

음식 속에 있는 지방과 콜레스테롤의 함유량은 LDL-C 및 총 콜레스테롤과 높은 상관이 있다. 알코올은 HDL-C의 수준을 향상시키는 경향이 있지만 때로는 중성지방의 수준을 상승시키기도 한다.

(5) 흡연과 스트레스

일반적으로 흡연과 HDL-C 수준은 부적 상관이 있으며, 심리적 스트레스는 지단백 구성을 건강에 유해한 측면으로 변화시킨다고 보고 있다.

(6) 신체활동

신체활동의 증가는 에너지 소비량 증가, 체지방률 감소 등을 통하여 혈장 지단백 구성성분을 개선하지만, 운동 강도와 기간 등에 따라 다소 유동적이다.

(7) 당뇨병

VLDL-C와 유미과립 측정은 소아형과 성인형 당뇨병 환자에게서 나타나며, 지단백의 과잉 생산과 제거과정에 의한 결합을 그 원인으로 보고 있다.

〈표 4-3〉 초등·중학생의 혈청 지질 기준치

항 목	기준치
총 콜레스테롤(mg/dl)	≦219
HDL 콜레스테롤(mg/dl)	≧40
중성지방(mg/dl)	≦199

출처: 서병규 역(2007). 소아 비만증 클리닉. 신흥메드 사이언스, p. 99.

〈표 4-4〉 소아(2~19세)의 혈청 지질 판정 기준

항 목	정 상	경 계
총 콜레스테롤(mg/dl)	< 170	170~199
LDL 콜레스테롤(mg/dl)	< 110	110~129
HDL 콜레스테롤(mg/dl)	≧ 35	
중성지방(mg/dl)	≦200	

American Heart Association, 2002; National Cholesterol Education Program. Report of the Expert Panel on Blood Cholesterol Levels in Children and Adolescents, 1991.

2) 소아 고지혈증의 예방 및 치료

고지혈증은 관상동맥 경화로 인한 허혈성 심장병, 고혈압으로 인한 뇌

혈관 장애, 그리고 지질 대사의 이상으로 유발되는 당뇨병 등의 성인병 유발에 대표적인 위험 인자 중 하나다. 고지혈증을 예방하기 위한 식이 요법으로는 식염 섭취량을 줄이고 열량을 표준치 이하로 섭취하며, 단백질을 적당히 함유하고 동물성 지방이 적으며, 비타민이 풍부한 식사를 한다. 운동 요법으로는 운동 부하 검사를 통해 처방된 운동을 규칙적이고 지속적으로 수행하는 것이 중요하다.

(1) 식사 요법

소아의 고지혈증에 대한 식사 요법은 음식 섭취 시 지방의 양을 줄이는 것과 동시에 체내에서의 지방 합성을 억제하는 것이다.

- 지방 에너지의 섭취 비율을 초등학생 이상은 25% 이하, 유아는 30% 이하로 한다.
- 음식으로부터의 콜레스테롤 섭취를 하루 250~300mg 이하로 한다.
- 과당이나 자당 등의 단순당을 피하고, 간식은 과자, 케이크, 청량음료 등의 '군것질'이 아니라 영양 균형이 잡힌 가벼운 식사로 한다.
- 식물섬유를 충분히 섭취한다. 채소, 해조류뿐만 아니라 현미나 전립(全粒)빵 등에 포함되는 가용성 식물섬유를 많이 섭취한다.

(2) 운동 요법

운동습관에 따라 혈청 총 콜레스테롤이나 중성지방이 저하하고, 반대로 혈청 HDL 콜레스테롤이 증가한다. 운동량은 하루 섭취 에너지양의 10%를 기준으로 한다. 이것은 약 1시간 동안의 중간 정도의 운동에 해당된다. 조깅, 산책, 수영, 구기 등의 유산소 운동을 일주일에 4회 이상 실시한다. 이에 대한 연구를 보면, 규칙적으로 운동에 참여한 사람은 좌업 생활자보다 VLDL-C와 중성지방이 낮게 나타난다. 특히 비만자의 체지방 감소와 Ⅳ형(VLDL-C가 과다하게 높음) 고지혈증을 치료할 때는 신체활동 프로그램이 매우 중요하다.

또한 LDL-C 농도의 증가는 죽상동맥경화의 위험성 증가에 영향을 미치는 중요한 요소다. LDL-C 농도가 높은 Ⅱa형 환자는 주당 3시간, 6개월의 운동 프로그램에 참가한 후에 LDL-C 농도가 감소하였다. LDL-C 농도를 감소시키는 데 운동의 지속 시간과 강도는 중요한 변인이다. 중년 남성을 대상으로 한 연구에 의하면 LDL-C 농도 개선을 위해서 최소한 주당 6km 이상의 달리기가 필요하다고 보고되었다.

운동에 의한 HDL-C 농도 변화는 효과에 의문을 제기하는 연구도 있지만 대부분의 연구에서 운동이 HDL-C 농도를 개선한다고 보고하고 있다. 또한 활동성과 비활동성 집단으로 구분하여 비교하면 활동성 집단에서 HDL-C 수준이 높게 나타난다.

(3) 약물 요법

고지혈증의 정도가 심하거나 심혈관계 질환의 가족력이 뚜렷한 경우, 식사 요법과 운동 요법이 효과가 없으면 약물 요법을 고려해야 한다. 그러나 소아의 고지혈증 치료에 이용되는 약물의 안전성과 유효성은 충분히 검증되어 있지 않기 때문에, 설명에 의한 사전 동의를 얻은 후에 신중하게 사용한다.

(4) 고지혈증 치료법

고지혈증은 약물 요법, 식이 요법, 운동 요법을 적절히 병행해야만 성공적으로 치료할 수 있다. 이 중 절반 이상은 식이 요법과 운동 요법만으로도 치료가 가능하지만, 심한 고지혈증 환자의 경우에는 최소한 3~6개월간의 식이 요법과 운동 요법을 시행한 후에 약물 요법을 실시해야 효과를 얻을 수 있다. 그리고 고지혈증 환자가 동맥경화의 위험 요소인 흡연, 고혈압, 당뇨병 등의 합병 증상을 가지고 있으면 위험성이 더 높아지게 되므로 흡연을 중지하고 고혈압이나 당뇨병 등도 병행하여 치료해야한다.

- 총 콜레스테롤이 200~250mg/dl일 때는 식이 요법으로 치료한다.
- 총 콜레스테롤이 250~300mg/dl일 때는 먼저 식이 요법을 실시하고, 효과가 나타나지 않으면 관상동맥 질환의 위험 인자를 검토한 후에 약물 사용 여부를 결정한다.
- 총 콜레스테롤이 300mg/dl 이상일 때는 지질 저하 약물 및 기타 방법을 사용하는데, 이 조치는 특수 클리닉에서만 사용한다.
- 중성지방치가 200~250mg/dl일 때는 식이 요법만으로, 그러나 중성지방치가 200~250mg/dl이고 콜레스테롤이 200~300mg/dl일 때는 지질 저하 약물을 사용한다.
- 중성지방치가 500mg/dl일 때는 특수 클리닉에서 치료를 받도록 한다.

 3 소아 비만과 고혈압

 비만과 고혈압의 연관성

보통 사람과 비교했을 때 비만인의 경우는 몸속에서 필요로 하는 산소의 요구량이 많다. 몸에 필요 없는 지방을 유지하기 위해서는 인체조직에서 산소의 필요량이 증가하기 때문이다. 이 산소를 공급하기 위해 몸

속을 순환하는 혈액의 양이 늘어나고 말초혈관의 저항이 커져 혈압이 상
승한다. 이렇게 되면 심장이 더 많이 뛰게 되므로 혈압이 더 상승한다.
특히 복부 비만을 가진 사람은 내장 지방세포에서 혈압에 영향을 미치는
호르몬과 여러 물질을 분비하여 혈압을 상승시킨다.

↘ 혈압

심장은 몸의 구석구석에 대동맥을 통해서 혈액을 펌프처럼 내뿜는다.
그 혈액은 대동맥과 같이 큰 혈관에서 모세혈관쪽의 점점 작은 혈관들로
갈라지기 때문에 저항을 받는다. 대동맥 안에서 혈액의 진행이 저항을
받으면 이 힘은 대동맥의 벽을 밀게 된다. 이때 심장의 수축하는 운동과
혈관의 저항 양쪽 사이에서 생기는 것으로 혈관벽을 미는 힘(압력)을 혈
압이라 한다. 심장이 수축할 때 혈관벽을 미는 압력이 높아지는데, 이때
혈관벽이 받는 압력이 '수축기 혈압'이다. 반대로, 심장이 수축하면서 피
를 내뿜은 다음 심장은 다음 수축을 위해서 대동맥으로 나가는 피를 심
방으로부터 받아들이는데, 이를 이완기라고 하며 심실이 확장하여 혈액
이 심장에서 혈관쪽으로 밀려나가지 않지만 동맥벽에 탄력이 있어 혈액
을 압박하고 있으므로 혈압이 '0'이 되지는 않는다. 이때 혈관벽이 받는
압력(혈압)을 '이완기 혈압'이라고 한다.

↘ 고혈압

고혈압은 수축기 혈압이 140mmHg 이상이거나 이완기 혈압이 90mmHg
이상인 경우를 말한다. 일반적으로 150/90을 상한선으로 하고 그 이상을
고혈압으로 진단한다. 고혈압은 원인에 따라 본태성 고혈압과 속발성 고
혈압으로 나눌 수 있는데, 우리가 흔히 알고 있는 고혈압은 본태성 고혈
압이다. 전체 환자의 80%가 속하며 뚜렷한 원인이 없고 가족력에 의해
발병하는 것으로 알려져 있다. 반면, 속발성 고혈압은 잘못된 생활습관

에 의해 발생하는데 음주, 흡연, 비만, 과도한 스트레스와 나트륨 과다 섭취 등이 주요 원인이다. 식생활의 서구화와 생활패턴의 도시화 등으로 점차 속발성 고혈압 환자의 비중이 높아지고 있으며, 이 때문에 고혈압 은 '생활습관병'으로 분류되기도 한다.

1) 고혈압의 원인

고혈압은 현재 매우 흔한 질환으로 우리나라 30세 이상 성인 10명 중 1 명 이상은 고혈압 환자다. 60세가 넘으면 30% 이상으로 증가하며, 고혈 압이 발병하는 데에는 여러 가지 이유가 있다.

(1) 유전적 요인

고혈압이 유전성이 있다는 사실은 많은 연구를 통해 증명된 사실이며, 가족력이 있는 경우 작은 환경인자에도 발병 가능성이 높아지므로 조심 해야 한다. 부모 한쪽이 고혈압이면 자녀의 약 50%가 고혈압에 걸릴 위 험이 있고, 부모 모두 고혈압이면 자녀의 70%가 고혈압에 걸릴 위험이 있다. 특히 고혈압 가족력에 뇌졸중 가족력까지 동반된 경우에는 더욱 조심해야 한다. 유전적 효과 외에도 다양한 환경인자, 즉 짜게 먹는 식습 관, 비만, 운동 부족, 흡연, 만성 음주, 정신적 스트레스 등을 가진 사람에 게서도 고혈압의 발병률이 증가한다.

(2) 스트레스

스트레스는 육체적·정신적 스트레스나 과로, 긴장, 불안 등의 상태에 서 주로 일어난다. 스트레스를 받으면 체내에 아드레날린의 분비가 늘어 나 혈압이 상승하지만 스트레스는 혈압을 지속적으로 상승시키지는 않 는다. 그러나 이것에 의해 일시적으로 고혈압이 생길 수 있고, 혈관을 손상시킬 수 있다.

(3) 비만

살이 찌고 체중이 늘면 더 많은 피가 온몸에 공급되어야 하는데, 그러려면 심장과 혈관의 부담이 증가하고 혈압이 올라갈 가능성이 높다. 또 체중이 증가하면 인슐린의 분비가 증가하고 인슐린은 체내에 물과 소금을 저장하려는 작용이 있어서 혈압이 올라간다. 게다가 비만인은 정상인보다 지방분을 많이 섭취하는 경향이 있어 동맥경화에 취약하다. 특히 복부 비만과 당뇨병과 같은 당 조절 능력 저하, 동맥경화증 자체가 혈관벽을 경화시켜 수축기 혈압 상승에 관여하므로 나이가 들수록, 그리고 콜레스테롤이 높거나 당뇨병 등 동맥경화의 위험인자를 동반할수록 고혈압 발생이 증가한다.

(4) 운동 부족

장기간의 운동 부족은 인체의 근육, 뼈, 심장혈관계에 유해한 영향을 미쳐 제지방률을 감소시킴과 동시에 체중의 증가를 가져온다. 예를 들어, 침상에만 누워 있게 되면 하루에 8g의 근육 단백질 손실, 주당 1.54g의 칼슘 소실, 매일 0.8%의 최대 산소 섭취량 저하, 며칠 안에 10~15%의 혈장량 감소를 초래한다.

(5) 음식 섭취

음식을 짜게 먹는 사람은 고혈압 발병 위험이 더욱 높다. 염분은 혈관을 수축시키고 말초혈관의 저항을 높인다. 또한 하루 3~4잔 이상의 술을 마시는 사람은 그렇지 않은 사람에 비해 고혈압의 위험이 훨씬 증가한다.

(6) 흡연

담배 속의 각종 유해물질은 혈관을 손상시키고 굳어지게 하므로 고혈압의 가능성이 있다. 또한 아드레날린의 분비를 촉진시켜 혈압이 상승하고, 담배에서 나오는 일산화탄소는 산소 부족을 가져와 더 많은 피를 몸에 순환시켜야 한다.

혈압 측정 시 주의점

- 혈압은 반드시 앉거나 누운 상태에서 측정한다.
- 혈압을 측정하는 체위에서 5분 정도 안정을 취한다.
- 대화는 혈압을 올리므로 금한다.
- 혈압계의 압박대가 심장의 높이에 오도록 한다.
- 혈압에 영향을 줄 수 있는 외인성 인자(흡연, 식사 직후, 운전 전후, 추위, 방광 충만 등)를 피한다.

〈표 4-5〉 **고혈압의 분류**(mmHg)

	수축기 혈압	이완기 혈압	처치
이상적 혈압	120 이하	80 이하	
정상 혈압	130 이하	85 이하	2년 안에 재검사
높은 정상 혈압	130~135	85~89	1년 안에 재검사

출처: 임완기, 박계순, 오광진, 육조영, 이병근, 장창현, 정동춘, 최기수, 황종문(2004). 성인병과 운동처방. 도서출판 홍경, p. 16.

146

〈표 4-6〉 고혈압의 단계별 분류(mmHg)

고혈압			
1단계	140~159	90~99	2달 안에 확정
2단계	160~179	100~109	1달 안에 확정
3단계	180 이상	110 이상	1주 안에 확정

출처: 임완기, 박계순, 오광진, 육조영, 이병근, 장창현, 정동춘, 최기수, 황종문(2004). 성인병과 운동처방. 도서출판 홍경, p. 16.

2) 고혈압 예방법

고혈압은 완치가 되지 않는 질병으로 평생 치료를 요하는 경우가 많다. 고혈압 환자는 생활습관을 개선함으로써 치료에 도움을 줄 수 있으며 혈압 상승을 막을 수 있다. 뿐만 아니라 평소 혈압이 높지 않은 사람도 표준 체중을 유지하고, 규칙적이며 영양 균형이 잡힌 식사, 염분이 적은 식사, 적당한 운동, 기호품의 절제 등의 생활습관을 갖는다면 고혈압의 발생을 사전에 예방할 수 있다.

(1) 표준 체중 유지

몸이 뚱뚱하면 고혈압이 더욱 심해지고 고지혈증(특히 고 콜레스테롤혈증)이나 당뇨병의 발생률이 높아지며 고혈압 환자는 동맥경화증 발생률이 더욱 높다. 체중을 감량하는 데 가장 추천할 만한 방법은 음식물로 섭취하는 칼로리 양을 제한하고 신선한 채소의 섭취를 늘리며 규칙적인 운동으로 열량 소모를 증가시키는 것이다. 고혈압 환자가 체중을 10kg 줄이면 수축기 혈압 25mmHg, 확장기 혈압 10mmHg 정도 감소하며 1기(경중) 고혈압 환자는 체중 감량만으로도 혈압을 정상 수준으로 유지할 수 있다.

(2) 규칙적인 운동

심장 및 말초혈관이 허용하는 범위 내에서 규칙적인 운동은 체중을 감량시키고 스트레스를 해소시키며 혈압을 낮춘다. 운동은 걷기, 천천히 달리기, 수영, 자전거 타기 등을 1일 30~45분간, 일주일에 3~5일을 실시하는 것이 바람직하다. 합병증이 없는 대부분의 고혈압 환자는 운동량을 서서히 증가시킬 수 있으나 심장 질환이 있는 환자는 운동을 시작하기 전에 운동을 해도 좋은지, 어떤 운동을 어느 정도 해야 하는지를 전문의와 상의하여 적절한 운동량을 처방받도록 한다. 운동이 건강에 좋다고 무리하게 실시하면 오히려 심장병 등을 유발할 수도 있다.

(3) 싱거운 음식 섭취

식염 중의 나트륨이 혈압을 높이는 것으로 밝혀졌는데, 보통 사람의 체내 나트륨 필요량은 2g(소금 4~5g) 정도다. 그러나 한국인의 1일 평균 소금 섭취량은 20g 이상으로 다른 나라와 비교했을 때 두 배 이상 되는데 이를 절반 수준으로 줄여야 한다. 염분을 제한하기 위해서는 조리 시 또는 식탁에서 소금을 사용하지 말아야 하며, 짠맛을 원하면 무염 간장이나 대용 소금을 사용하고, 가공식품은 가급적 피해야 하며, 염분 함량이 많은 제산제나 약물은 금한다.

(4) 금주 및 절주

알코올 섭취량과 혈압은 양의 상관관계를 보이는데 나이, 비만, 운동, 흡연 여부, 성별과는 상관없이 에탄올 그 자체의 영향인 것으로 나타났다. 음주량은 위스키 2잔, 막걸리 1잔, 소주 2잔, 맥주 1병 정도이며 매일 마시는 경우 혈압은 상승한다. 음주 직후에는 혈관이 확장되어 일시적으로 혈압이 떨어지는 경우가 있으나 시간이 지나면 다시 올라간다. 알코

올의 혈압 상승작용은 술의 종류와는 무관하며, 폭음이나 대량 음주의
급격한 중단은 두 가지 모두 비슷한 혈압 상승을 일으킨다.

(5) 카페인 섭취의 제한

카페인 섭취는 혈압을 급격히 상승시킨다. 한 연구에서 150mg의 카페
인(커피 2~3잔) 섭취 15분 후 혈압이 5~15mmHg 정도 증가되었음이 보
고되었다. 이러한 혈압의 상승은 단기간의 반응이며 만성적이고 지속적
인 혈압의 증가는 보고되지 않았다. 그럼에도 불구하고 환자들에게 과다
한 카페인 섭취에 대해 주의를 주고, 하루 1~2잔 이하로 커피를 제한하
도록 하는 것이 일반적이다.

(6) 칼륨 섭취

칼륨을 충분히 섭취하면 고혈압 발생을 예방하고 고혈압 환자의 혈압
을 개선할 수 있다는 보고가 있다. 그러므로 신선한 과일과 채소와 같은
식품으로 칼륨을 적절히 섭취하도록 한다.

3) 고혈압 예방을 위한 운동법

규칙적인 운동은 혈압을 낮추고, 동맥경화를 예방한다. 운동을 하게
되면 일반적으로 신체가 운동하는 근육으로 혈액을 보내야 하기 때문에
혈압이 일시적으로 상승하는 현상이 나타난다. 이때 혈압이 너무 많이
올라가면 병의 악화나 심근경색 등의 위험한 부작용을 초래할 수 있다.
따라서 운동 시작 전에 반드시 운동 부하 검사를 받아서 운동 중 혈압 반
응을 점검하여, 적정한 운동 강도를 설정해야만 한다.

(1) 추천 운동

걷기, 달리기, 줄넘기, 수영, 자전거 타기 등의 유산소 지구성 운동이 적합하다.

(2) 운동 요령

적합한 운동 강도는 자신의 최대 능력 50~80% 정도로 운동이 가볍게 느껴지는 수준을 유지하는 것이 좋다. 운동 시간은 준비 운동과 정리 운동을 포함해 30~45분 정도가 적당하고, 체력 향상도에 따라 점차 시간을 연장해 나가는 것이 바람직하다. 운동 횟수는 격일제에서 시작해 점차 주당 4~5일로 늘려 가는 것이 좋다. 운동은 약 8주 이상 지속해야만 혈압의 감소 효과를 기대할 수 있다.

(3) 운동 시 주의사항

역기, 실내 골프 등 짧은 순간에 격렬하게 힘을 쓰거나 호흡을 정지한 상태에서 행하는 운동은 혈압을 급격히 상승시키므로 삼가야 한다. 또 추운 날씨에는 보온에 유의하여 운동 시 수축기 혈압이 200mmHg 이상 상승되지 않도록 해야 한다. 만약 운동을 할 때나 운동이 끝난 후에 어지럽거나 현기증을 느끼면 운동을 중지하고 진료를 받아야 한다.

4 소아 비만과 동맥경화

남자의 경우 45세 이상, 여자의 경우 55세 이상이 되면 협심증이나 심근경색증 위험이 증가하는데 실제로 미국, 유럽 등 서양사회에서는 심근경색이 사망 원인 1위를 차지한다. 우리나라에서도 암, 뇌졸중에 이어 사망 원인 3위를 차지한다. 이들 심장 질환은 콜레스테롤 농도가 높아서 생기는 동맥경화가 주요 원인이다. 아무런 증상 없이 외견상 건강하던 사람이 쓰러져 숨지는 경우를 주위에서 볼 수 있는데, 이처럼 겉으로 건강해 보이던 사람이 갑자기 사망하는 경우(발작 후 1시간 이내)를 '돌연사'라고 하며, 그 원인은 다양하지만 80% 이상이 동맥경화증에 의한 심장마비가 차지한다.

동맥경화는 부드러운 혈관벽에 지방이 침착되면서 탄력성을 잃고 간격이 좁아지는 현상이다. 어떤 원인에 의해 동맥 벽의 안쪽에 있는 내막이 두터워져 내경이 좁아지면서 심장근육으로 산소와 각종 영양분을 공급하는 관동맥, 뇌 및 하지로 가는 동맥에 혈류 장애가 발생하게 된다. 좀 더 자세히 설명하면, 혈중의 콜레스테롤이 내막 안으로 침투하고 그로 인해 여러 물질이 분비되면 동맥의 내막이 두터워지고 또한 콜레스테롤과 이를 섭취한 세포 등이 축적되어 혈관의 안쪽으로 돌출하는데 이를 '죽종'이라 한다. 죽종 내부는 마치 먹는 죽처럼 물러지고 그 주위가 섬유화되어 점차 단단해져 이를 '죽상동맥경화'라 하며 흔히 죽상이란 용어를 생략하고 동맥경화라 한다.

1) 동맥경화의 종류

(1) 죽상동맥경화

동맥의 내벽에 죽처럼 된 덩어리(죽종)가 생기는 것으로 대동맥, 관상동맥, 뇌동맥, 하지동맥에 잘 생긴다. 일반적으로 '동맥경화'는 죽상경화와 혼동되어 사용된다.

(2) 새동맥경화

가는 동맥의 괴사(썩음)나 동맥류(혈관이 혹처럼 부풀어 오르는 것), 뇌, 신장, 눈의 망막혈관 등에 잘 생긴다. 뇌출혈이나 다발성 뇌경색을 잘 일으키며 이는 치매의 원인으로 작용한다. 장기간의 고혈압자, 식염 섭취량이 많은 사람, 단백질과 지방 섭취량이 적은 사람이 발병 위험률이 높다.

(3) 관상동맥경화

① 협심증

가슴이 아프면 협심증이라고 말하는 사람이 있는데 가슴이 아프다고 모두 협심증은 아니다. '협심증'이란 일시적으로 심장에 혈액순환이 잘 되지 않아서 발생하는 가슴의 통증을 말한다. 어떤 이유든 관동맥을 통해 적은 양의 혈액이 공급되어 심장이 필요한 것보다 적은 양의 산소가 공급되면 심장에서 통증이 발생한다. 이런 현상이 일시적으로 일어나는 것이 협심증이다.

② 심근경색증

심장에 피를 흐르게 하는 관상동맥이 동맥경화에 걸리면 심장으로 가는 혈액의 공급이 원활하지 못하게 되어 협심증이 나타난다. 그러다가 어느 순간 혈관이 혈전으로 완전히 막히면 피가 통하지 않아서 심장 근육의 일부분이 죽는데, 이를 심근경색증 흔히 '심장 발작'이라고 한다.

2) 동맥경화와 연관된 질병

고혈압은 동맥경화의 과정을 촉진시킨다. 고혈압을 15~20년간 갖고 있을 때는 동맥경화로 인한 허혈성 심장 질환, 허혈성 뇌질환 및 하지동맥 경화성 질환 등의 발병률이 높으며, 혈압이 높을수록 이와 같은 질환이 잘 발생한다. 당뇨병이 있으면 지질대사의 이상으로 혈중 지질이 높아지게 되며, 또한 혈관의 손상으로 동맥경화를 유발하고 진행을 촉진시킨다. 비만은 심장의 부담을 크게 하고 혈중 콜레스테롤을 상승시켜 동맥경화를 촉진시키므로 식사 요법과 운동 요법을 적극적으로 시행해야 한다.

3) 동맥경화의 발생 원인

(1) 올바르지 못한 식습관

과도한 포화지방 및 콜레스테롤의 섭취로 혈관에 콜레스테롤이 침전되어 동맥이 좁아지게 된다. 또한 섬유질 섭취가 충분하지 않으면 콜레스테롤과 당을 서로 묶어서 흡수하는 것을 부분적으로 방해하여 콜레스테롤과 당의 혈중치를 조절하는 기능이 저하된다.

(2) 성별 요인

관상동맥 질환으로 60세 이전에 사망하는 경우는 여자보다 남자에게 훨씬 더 많이 발생한다. 45~50세의 남자는 여자에 비해 관상동맥 질환으로 사망하는 경우가 네 배 정도 많은데, 이는 여성 호르몬인 에스트로겐의 보호효과로 설명할 수 있다. 그러므로 여성이 폐경기일 경우 동맥경화의 위험성은 더 높아진다.

(3) 운동

운동을 하지 않으면 혈관의 흐름이 원활하지 않아 콜레스테롤이 침착하기 쉬우며 동맥경화 발병률이 높아진다. 운동은 에너지가 소모되므로 불필요한 체내 지방질을 제거하고 신체 적응력을 높여 주어 체중 조절의 효과, 고지혈증의 개선 외에 정신적인 스트레스를 해소시킨다. 또 운동은 심장근을 강하고 두껍게 만들어 작은 박동으로도 신체에 같은 양의 혈액을 펌프질할 수 있게 해 준다.

(4) 흡연

흡연은 관상 심장 질환의 사망률과 밀접한 관련이 있다. 흡연으로 흡입된 일산화탄소는 저산소증을 유발하고, 이것은 혈청 지질 농도를 증가시켜 동맥경화의 진행을 촉진한다. 또한 이미 동맥경화증의 증상이 있는 경우에는 흡연을 하게 되면 말초혈관을 수축시켜 혈류를 더욱 저하시킬 수 있으며, 혈소판의 응집력도 증대시키고 혈액의 응고를 항진시키므로 협착된 동맥 부위에 혈전을 유발하는 역할을 한다. 결국 심근경색증, 뇌경색증 등을 유발하고, 치명적인 부정맥을 일으킬 수 있으므로 금연은 동맥경화증 치료에 필수적인 요소다.

(5) 스트레스

사람이 기본적으로 받는 스트레스조차 없으면 생활의 리듬이 깨져서 좋지 않지만 과잉된 스트레스는 동맥경화의 원인이 되기도 한다.

4) 동맥경화 예방법 및 치료법

(1) 올바르지 못한 식습관 개선

콜레스테롤이 높은 식품이나 동물성 지방 식품의 섭취를 줄이고, 군것질 등 고당 섭취를 최소화한다. 하루 음식 섭취량에서 섬유질의 비율을 높인다.

(2) 운동 및 표준 체중 유지

비만한 경우 당뇨병, 고혈압이 수반되며 혈중 콜레스테롤의 상승은 동맥경화를 촉진하므로 음식 섭취를 줄이고 적절한 운동을 함으로써 표준체중의 유지가 필요하다. 우리가 운동을 하면 근육에서 필요한 산소량이 증가하므로 심장이 박출하는 혈액량과 관상동맥 간의 혈액 유통량을 증가시키고, 관상동맥의 협착 완화, 총 콜레스테롤 감소, 고밀도 지단백을 증가시켜서 동맥경화를 예방할 수 있다.

(3) 금연

흡연으로 혈관이 수축하면 혈압이 상승하고 혈액 내의 일산화탄소가 증가되면서 산소가 부족하여 동맥이 손상되고 그곳에 혈소판이 많이 침착되므로 동맥경화가 유발된다.

(4) 스트레스 해소

우리 몸에서 과잉된 스트레스는 체내의 신체 균형을 깨뜨려 동맥경화를 유발할 수 있으므로 자신의 취미를 활용하여 적절히 스트레스를 극복하고 해소해 주는 것이 필요하다.

5) 초등학생의 동맥경화 가능성

초등학생이 직접적으로 동맥경화에 걸릴 확률은 그리 높지 않다. 그러나 초등학생이 가지고 있는 성인병이 동맥경화로 이어질 가능성이 높다. 요즘 아동의 경우 과도한 영양 섭취로 비만이 많다. 비만인 아동의 경우 몸 안의 콜레스테롤 수치가 높아 혈관벽에 쌓이므로 성인이 되어 동맥경화로 발전할 확률이 높다. 또한 최근에 소아 당뇨 아동이 늘고 있으며, 소아 당뇨 아동은 높은 당 수치로 혈관이 손상되거나 좁아질 수 있는 확률이 높다. 혈관이 손상될 경우 그곳에 출혈을 막기 위해 혈소판이 모이고 섬유소는 혈괴를 만들기 위해 혈소판 덩어리를 묶어 쌓으므로 동맥경화의 위험을 높인다.

5　소아 비만과 섭식 장애

섭식 장애는 소아와 청소년 초기에 처음 시작되고, 20세 전후의 여성에게서 꾸준한 증가 추세를 보이고 있다. 섭식 장애의 주된 특징은 체형과 체중에 대한 지나친 관심 때문에 음식을 섭취하는 행동에 심각한 문제를 보이며, 왜곡된 신체상을 갖고 있다. 개인의 신체에 대한 불만족은 다이어트를 하도록 자극하는 요인이 된다. 하지만 급속한 성장기에 열량 제한과 체중 감량은 성장 발달 및 인지 발달을 저해할 수 있는 영양 부족 상태를 야기할 수 있다. 그 결과 무리한 체중 감량은 성장 저하나 골감소증의 유발, 무월경 및 생식기능의 저하, 그 밖의 성격이나 정서 장애 및 기타 사회활동에 많은 영향을 미치게 된다.

11~17세 여학생 2,891명과 남학생 891명을 대상으로 '청소년들의 외모 인식과 건강 수준 실태조사'를 시행한 결과, 여학생의 64.3%, 남학생의 36.1%가 다이어트를 경험한 것으로 나타났다. 특히 여학생의 10.9%는 거식증과 섭식 장애의 고위험 증세를 보였고, 저체중군에 속하는 여학생 가운데 29.3%가 체중 조절 경험이 있었다. 또한 저체중군 여학생의 35.6%가 자신의 체형을 보통이라고 생각하고, 정상 체중 여학생의 41.2%

는 자신을 약간 뚱뚱하다고 평가하였다. 여학생 10명 중 6명은 마른 것을 이상적인 체형으로 생각하는 반면 보통 체격을 선호한다는 응답은 33.4%에 불과했다.

과체중과 비만 아동을 치료할 때는 섭식 장애의 문제를 고려해야 한다. 과체중의 아동과 청소년, 특히 소녀들은 식이, 체형과 체중에 특별하게 관련된 병에 위험성을 많이 가지고 있다(Friedman et al., 1995; Striegel-Moore et al., 1995). 섭식 장애의 위험을 가진 과체중 아동에 대한 치료는 아동의 식이 개입에 대한 반응성을 고려해야 한다. 최근의 아동 체중 조절 연구에서는 칼로리 제한을 적용한 체중 감량 치료가 과체중 아동의 섭식 장애를 감소시켰음을 보고하고 있다. Braet와 Bettens(1998)는 체중 감량 치료를 받는 아동의 추적 조사에서 섭식 장애 증상이 감소하거나 변화하지 않았다는 것을 확인하였다. 또한 이 비율은 체중 감량 치료를 받지 않은 과체중 아동에 비하여 더 낮은 것으로 확인되었다.

과체중 아동의 치료 시 긍정적인 점은 온건하고 점차적인 변화를 가져옴으로써 치료가 최고의 효율을 가지게 된다는 것이다. 예를 들어, 실현 가능한 체중 목표와 생활활동을 증가시키고, 그들의 선호도에 맞는 활동을 선택하게 하며, 건강한 음식에 다양한 선택권을 주는 것이다. 또한 하루에 3회의 식사를 하는 것이 중요하며, 음식을 제한하지 않고 건강하게 먹는 방법을 교육해야 한다. 이것은 병적인 식이습관을 없애면서 점차적으로 적절하게 시행할 수 있는 몇 가지의 예다.

비만과 관련되어 있는 대표적인 섭식 장애는 '신경성 식욕 부진증'과 '신경성 과식증'이 있는데 대부분이 체중 증가나 비만에 대한 혐오·공포가 원인이 된다. 신경성 식욕 부진증이나 신경성 과식증의 가장 중심적인 병인은 정신적인 요인이다. 체중 증가에 대한 공포와 체중을 줄이고자 하는 열망, 자신의 신체에 대한 불만족의 수준에서는 두 장애가 매우 유사하다.

그러나 신경성 식욕 부진이 극단적인 절식을 보이는 데 비하여, 신경성 과식은 반복적인 폭식과 그에 따르는 부적절한 행동을 특징으로 한다. 이들은 체중의 증가를 막기 위해 부적절한 보상행동을 되풀이하는데, 가장 흔히 사용하는 방법은 폭식 이후에 스스로 구토를 유발하는 것이다. 이 밖에도 절식이나 하제, 이뇨제 등의 약물 남용, 또는 매우 격렬한 운동 등이 행해지기도 한다.

신경성 식욕 부진증은 거식증, '사춘기 야윔증'이라고도 하며, 현저한 체중 감량과 그에 동반하는 여러 가지 신체의 이상을 나타내는 질환이다. 여중생, 여고생에게 가장 많이 나타나며 남자는 10% 정도이고, 젊은 여자에게 상대적으로 많이 발생한다. 신경성 식욕 부진증은 표준 체중보다 15~20% 이상의 체중 감량을 보이며, 식사량을 극단적으로 줄이거나 스스로 구토를 유발하는 것으로 체중을 저하시킨다. 이 증상의 특징은 자기 스스로 비정상적인 체중 감량이 중대한 건강 장애를 가져오는 것을 인정하려고 하지 않는다.

신경성 식욕 부진증의 증상에는 영양 상태의 악화, 대사의 저하, 무월경, 맥박수의 감소, 변비 등이 있다. 처음 발생은 종종 다이어트를 개시했던 시기와 일치한다. 그러나 다이어트를 한다고 해서 모두 신경성 식욕 부진증이 되는 것은 아니고, 정신적인 요인이 존재하는 경우에 발병한다고 생각해야 할 것이다. 완벽주의적인 성격, 엄격하거나 강압적인 부모, 충분한 양육을 받지 못했던 유아기, 형제간의 갈등, 학교 등에서의 인간관계, 사회적 적응의 미숙함 등 여러 가지 요인이 복합적으로 작용한다.

신경성 식욕 부진증은 산업화되고 발달한 사회에서 더 흔하게 발생하는데, 그 이유는 섭취할 음식이 풍부하고 날씬함이 매력적이라고 여겨지기 때문이다. 청소년과 초기 성인기에 있는 여성의 유병률은 대략 0.5~1%인 것으로 알려져 있고 평균 발병 연령은 17세이며, 40세 이상의 여성에게는 거의 발생하지 않는다. 한편 거식증의 90% 이상이 여성에게 발생

신경성 식욕 부진증의 진단 기준

- 본인이 심각하게 저체중인데도 불구하고, 살찌거나 체중이 증가하는 것에 대해서 비정상적으로 두려워함.
- 체중과 체형에 대해서 비현실적으로 인지하고, 쇠약한데도 살찌는 느낌을 가지며, 특히 자신의 몸의 일부가 너무 뚱뚱하다고 인식함.
- 정상적인 월경주기에 비교하여 적어도 세 번 이상 월경을 하지 않음(무월경 여성은 호르몬 치료를 받을 때만 정상적으로 월경주기를 갖는다.)

된다는 점에서 많은 학자들은 그 원인을 사회문화적 영향으로 보고 있다.

신경성 식욕 부진증의 영양 관리 방법으로 초기 단계에는 소화기의 부담을 최소화하는 식품을 선택하고, 영양가 있는 다양한 식품을 소량씩 섭취하도록 한다. 초기 식사 시 부종 때문에 급격한 체중의 증가가 나타날 수 있는데, 이는 음식의 재섭취로 인한 일시적인 현상이지 체지방의 증가가 아니라는 것을 환자에게 이해시킨다.

신경성 과식증(폭식증)은 한꺼번에 보통 사람들이 먹는 양보다 훨씬 많은 양의 음식을 먹고 섭취 후 고의로 장을 비우는 일을 반복하는 증상을 말한다. 지속적인 구토로 식도와 위가 많이 손상되고 여러 가지 신체적인 문제점이 생긴다. 폭발적인 과식(폭식, binge－eating)에도 불구하고 체중은 증가하지 않는다. 폭식은 적어도 주 2회 이상 있고, 스스로 억제하려고 해도 멈출 수가 없다. 이 경우 단시간에 많은 양의 음식을 섭취해도 체중 증가가 없는데, 그 이유는 폭식 후에 당분간은 식사를 하지 않거나 스스로 음식을 토하기(자기 구토) 때문이다. 신경성 과식증의 발생 연령은 신경성 식욕 부진증보다 약간 높으며, 신경성 식욕 부진증에서 이행해 온 사람도 있다.

신경성 식욕 부진증과 마찬가지로 신경성 과식증 역시 고도로 산업화된 나라에서 대개 비슷한 빈도로 발생한다고 알려져 있다. 그 밖의 다른 문화권에서의 폭식증이 얼마나 나타나고 있는지에 대한 유병률을 조사한 연구가 거의 없지만, 나라와 문화 간의 경계가 낮아지면서 점차 증가하는 추세다. 신경성 과식증 또한 90% 이상이 여성에게서 나타나며, 청소년과 성인 여성의 유병률은 약 1~3%이고 남성은 여성의 1/10 정도다.

신경성 과식증의 영양 관리로 초기 식사 시에 에너지량이 너무 많으면 환자가 단식이나 약을 통한 비정상적인 배설을 할 수 있고, 초기 단계의 에너지량이 너무 적으면 음식 섭취에 제한을 주어 환자가 폭식 등의 행동을 할 수 있는 위험이 높다. 따라서 규칙적이고 충분한 식사를 통하여 폭식을 감소시키는 1일 세 끼의 규칙적인 식사가 중요하다.

신경성 과식증의 진단 기준

- 비밀스러운 폭식, 많은 양의 음식을 짧은 시간에 섭취한다.
- 다른 사람 앞에서 과식하지 않는다.
- 3개월 동안 일주일에 적어도 2번 폭식을 한다.
- 음식을 섭취한 후에 자주 씻어낸다.
- 스스로 토하거나 하제, 이뇨제를 사용한다.
- 금식이나 엄격한 식사 요법에 의존하거나 격렬한 운동을 한다.
- 체형, 사이즈, 체중에 끊임없이 관심을 갖는다.

제5장

소아 비만 예방의 실제

1 소아 비만의 예방 대책

비만이 건강 장애로 연결된다는 점에서 보면, 비만은 질환의 하나로 생각해야 한다. 질환으로서의 비만을 예방하는 데에는 1차, 2차, 3차 예방이 있다. 1차 예방이란 처음부터 비만이 되지 않게 하는 것이 목적이고, 2차 예방은 비만인 사람을 적정한 체중으로 되돌리는 것이 목적이며, 3차 예방은 비만에 의한 건강 장애, 바꾸어 말하면 비만증을 치료하는 것이 목적이다.

1) 1차 예방

사회 전체의 비만 증가를 예방하기 위하여 비만 전단계의 지원체제를 정비하는 것, 특히 매스컴 등에서 소아 비만에 대해 정확한 계몽활동을 하는 것 등이 1차 예방에 해당한다. 비만 관련 위험인자에 대한 지식을 늘리고, 원인에 대한 이해를 증가시킨다.

2) 2차 예방

본인과 보호자가 과체중과 비만을 인식하고 사실로 인정하는 것이 2차 예방의 출발점이다. 객관적인 자료에 근거하여 비만하다는 인식을 높일 수 있는 가장 효과적인 방법은 성장곡선의 활용이다. 유아기부터 매년 성장곡선에 성장 상태를 기록하는 습관을 가지고, 학령기가 되어서도 성장곡선에 신장과 체중을 계속 그려서 그 변화를 보호자와 본인에게 설명하면 이해가 쉽기 때문이다. 특히 급격한 체중 증가 및 비만도 증가, 고도 비만, 비만에 따르는 질병에 관한 가족력이 있는 경우, 허리둘레가 증가하는 경우 등은 내장지방형 비만에 대한 주의를 더 기울여야 한다.

3) 3차 예방

3차 예방은 과체중과 비만한 소아 및 청소년을 대상으로 하여 관련 합병증의 유무를 확인하고 동반 질환에 따른 치료에 초점을 맞춘 전략을 사용한다. 따라서 개인별로 진료와 상담을 시행하고 신체 및 생활환경에 맞춘 치료 방침을 결정하게 된다. 부모의 적극적인 참여뿐 아니라 전문의, 영양사, 운동처방사와의 유기적 연계가 중요하고, 지역사회 생활환경에서 참여할 수 있는 프로그램을 활용하는 방안도 모색한다.

 ## 2 성장기에 따른 비만 예방

비만이 발생하기 쉬운 시기는 영아기, 유아기, 청소년기라고 알려져 있고 비만 예방이 필요한 시기에는 태아기도 포함된다. 특히 비만 예방에 가장 주력해야 하는 시기는 체지방이 급격히 증가하는 5~7세와 청소년기다. 소아 및 청소년의 성장과정 중 각 발육기에 따라 비만 예방 목적을 이해하고 대책을 알맞게 수립해야 한다.

1) 영아기

캘리포니아의 비만 연구자인 Bray 교수는 2세 이전에 발생한 비만을 양성 소아 비만이라 하고, 2세 이후에 발병하는 소아 비만을 악성 소아 비만(malignant childhood obesity)이라 하였다.

생후 3~4개월에 10kg이 되는 영아도 있지만 질병이 원인이 되는 비만이 아니라는 전문의의 진단이 있다면 경과를 관찰해도 좋다. 출생 후 급격한 체중 증가는 바람직하지 않은 면이 있다는 점을 상기시키면 6~12개월 사이에 체중 증가가 정상화되는 것이 보통이다. 그러나 그 사이에도 체중의 성장곡선 기준선을 상회하여 체중이 비정상적으로 증가하면 비만에 관계하는 유전자 이상 등을 고려하여 전문의와 상담해야 한다.

2) 유아기

모든 유아에게서 정기적으로 신장과 체중을 측정하는 것은 중요하다. 수치를 성장곡선에 표시해 나가면서 그 경과를 관찰하도록 한다. 해당하는 소아의 신장별 체중곡선이 그림의 기준선에 비해 상회하면 비만이라고 할 수 있으며 장래에 더 비만해지지 않도록 보호자에게 알려 주의시켜야 한다. 그러나 1차 예방을 너무 강조하면 보호자는 아이의 비만에 대해 무관심하거나 과민반응을 보이는 양극화 현상이 나타날 수 있다.

이런 현상은 바람직하지 않으므로 소아과 의사, 보육 관계자 등이 보호자와 함께 아이의 체중 변화를 지켜보면서 일상생활에서 도움을 줄 수 있는 지원체계를 마련하는 것이 중요하다. 이것은 비만의 1차 예방으로 연결된다. 그리고 5세가 지나면서 체지방이 급격히 증가하면 2차 예방의 중요성도 증가한다. 이러한 현상이 지나치게 빨리 나타나면 성인 비만의 위험이 높으므로 지속적인 체중 변화의 관찰이 더욱 중요하다.

3) 학령기 이후

비만에는 피하지방형과 내장지방형이 있으며, 후자는 건강 장애로 연결되는 비만인 것이 밝혀졌다. 정확하게 말하면, 학령기 비만에 관한 2차 예방의 목적은 내장지방형 비만을 예방하는 것이다. 이것을 인식하는 것이 중요하며, 그렇지 않으면 중학생을 포함한 젊은 여성을 중심으로 한 '마른 체형 지향'과 '불필요한 다이어트'에 제동이 걸리지 않아, 이러한 풍조에 기인하는 젊은 세대의 건강 장애를 예방할 수가 없다. 게다가 이 시기가 되면 3차 예방, 즉 비만증을 예방하는 일도 중요한 목적이 된다.

 3 소아 비만 예방을 위한 권고

비만의 최적 예방 시기에 대해서는 의견이 일치하지 않는다. Dietz (1994)는 비만 예방에 중요한 시기를 세 가지로 나누어 제안하였다. 임신 중의 1삼분기와 2삼분기, 5~7세의 시기와 청소년기. 청소년 이전은 과도한 체중이 아동에서 청소년기를 거쳐 성인기까지 갈 수 있게 하는 중요한 심리적 변화가 일어나는 특히 민감한 시기다(Robinson & Killen, 2001). 게다가 소아 비만이 청소년기와 성인기까지 유지되지 않도록 하는 시기로 성인 비만과 관련된 과도한 신체 장애와 사망을 방치하게 한다(Robinson & Killen, 2001). 따라서 소아 비만 예방 프로그램은 초등학교 때 이루어져야 한다.

1) 학교에서의 1 · 2차 예방 활동

건강교육, 체육, 건강 서비스와 건강행동을 위한 학교 급식 등 학교 중심의 예방 프로그램은 소아 비만 예방에 아주 긍정적인 효과로 확인되고 있다. 학교는 다음과 같은 몇 가지 이유로 아동 중심의 예방 노력을 위한 장소로 기대되고 있다. 학교 교사들은 5~17세의 미국 아동의 95%와 매일 접촉하고 있다(Resnicow, 1993). 게다가 학교 프로그램은 다른 곳에서는 받을 수 없는 저소득층의 아동에게도 혜택을 줄 수 있다. 이상적으로 학교 급식소를 이용하여 더욱 건강한 식사를 제공할 수 있고, 포스터나 유인물을 통하여 건강한 식습관을 교육할 수 있다. 또한 신체활동은 체육수업을 통하여 최적으로 달성하며 양호교사는 검사, 상담과 기타 의료 관리를 제공하고 있다(Story, 1999).

최근의 연구에서는 학교의 개입이 학교 외의 개입보다 효율성이 떨어진다는 결과를 제시하고 있다(Haddock et al., 1994). 실제로 학교 예방 프로그램은 전형적으로 비만을 유의하게 감소하지 못하였다(Resnicow & Robinson, 1997). 도심 공립학교의 과체중 아동 연구에서 Neumark-Sztainer(1997) 등은 학교 기반의 프로그램은 조롱이나 치욕을 받을 가능성을 포함할 수 있다는 우려를 확인하였다.

많은 아동은 프로그램이 좀 더 존중되는 방식으로 시행되기를 바라며 민감한 지도자들은 과체중 아동의 어려움을 이해하고 '체중 조절'이라는 딱지를 붙이기보다는 참여가 익명으로 유지되도록 하고 있다(Neumark-Sztainer et al., 1997). 그러나 이처럼 여러 장애에도 불구하고 많은 비만 예방 연구들이 최근 학교에서 이루어지고 있는데, 이 개입은 학생들의 지식을 넓히고 건강에 대한 태도를 개선하는 데 성공적이며 긍정적인 행동 변화를 부추긴다.

2) 체육수업

체육수업은 에너지 소비를 증가시키는 데 도움을 준다. 체육교사들은 학생들에게 규칙적으로 자주 운동에 참여하도록 할 수 있다(Parcel, Green, & Beetes, 1988). 특히 아동들에게 적당한 신체활동을 적어도 30분씩 매일 하도록 권장하고 있다. 또한 유치원에서 1, 2학년까지의 아동이 포괄적인 체육 프로그램에 참여하도록 한다. 체육은 예방 프로그램의 하나로서 학교에서 아동에게 즐거운 활동을 제공하고, 학교 밖에서도 유사한 활동을 수행할 수 있는 역량을 길러 준다(Robinson & Killen, 2001).

3) 건강교육

비만 예방 프로그램 내의 건강교육은 두 가지의 중요한 목표를 가진다. 아동에게 건강한 식이습관을 적용하고, 규칙적인 신체활동을 제공한다(Story, 1999). 또한 건강교육 과목은 장기적·단기적 식이습관 결과에 중점을 두면서 아동이 좀 더 건강행동에 긍정적인 태도를 갖도록 도와준다. 수업은 건강한 음식의 선택, 필요한 행동 변화에 대한 역량, 환경에 영향을 줄 수 있는 능력(Robinson & Killen, 2001)들로 구성된다.

비만 치료와 유사하게 고칼로리 음식의 섭취 감소가 건강교육의 중점이 된다(Dietz, 1999). 중요 학습 개념은 음식 분량의 추정 방법, 안전하고 건강하며 개별적인 체중 관리, 신체활동 기술, 건강에 대한 사회적·정서적 영향, 행동 능력 및 변화의 시작과 유지 등이다(Parcel et al., 1988; Story, 1999). 이는 건강한 삶을 증진시키고, 과도한 체중 방지는 영속적인 삶의 변화가 전제됨을 가르치는 것을 목표로 한다.

4) 교사와 부모의 참여

교사는 영양교육을 중요 요소로 강조하고 있다(Story, 1999). 교사들은 영양교육에서 학습탐구, 연령별 동료 수업, 개인적인 변화 약속, 목표 설정 등을 가르쳐야 하며, 건강행동을 수정하는 데 스스로의 효율성을 증진시킬 기회를 제공해야 한다(Seffrin, 1992). 부모들 역시 교사의 협조자가 되어야 하며, 전폭적인 지원으로 소아 치료양식에 효율성을 높여 주어야 한다.

부모는 아동의 행동 감시 방법, 돌발사고 대처법, 협의 방법, 아동의 행동을 제한하고 칭찬하는 방법 등의 기본 기술을 배워서 적절하게 참여하여야 한다. 또한 저지방과 건강한 식이를 제공하고 아동이 건강한 음식을 좋아할 수 있도록 만들어야 한다. 더불어 아동의 좌식 행위를 감소시키고, 가족생활을 활동적으로 재구성하는 노력을 해야 한다(Robinson & Killen, 2001).

참고문헌

강재헌(2006). 소리 없이 아이를 망치는 질병 소아 비만. 웅진지식하우스.

강지현 외 공역(2006). 소아·청소년 비만. 학지사.

권대익(2006). 항아리 몸매 탈출하기. 전나무 숲.

권봉안 외(2006). 비만 원인·평가·치료와 예방. 대한미디어.

김원식(2003). 트레이닝 방법론. 삼성북스.

대한비만학회(2006). 소아·청소년 비만관리 지침서. 청운.

박서현(2007). 바른 자세 성장 비만운동. 도서출판 고려동.

비만연구의사회(2005). 최신 비만학. 도서출판 대한의학서적.

서병규(2007). 소아 비만증 클리닉. 신흥메드 사이언스.

이상선 외(2008). NEW 영양과학. 지구문화사.

이명천 외(2006). 운동생리학의 기초. 라이프 사이언스.

임완기 외(2004). 성인병과 운동처방. 도서출판 홍경.

임완기 외(2005). 퍼스널 트레이닝의 정수. 대한미디어.

차광석 외(2006). 웰니스를 위한 맞춤운동. 라이프 사이언스.

차연수 외(2006). 실천을 위한 식생활과 운동. 라이프 사이언스.

Andersen, R. E., Crespo, C., Bartlett, S. J., Cheskin, L., & Pratt, M. (1998). Relationship of physical activity and television watching with body weight and level of fatness among children. *Journal of the American Medical Association, 279,* 938-942.

Barlow, S. E., & Dietz, W. H. (1998). Obesity evaluation and treatment: Expert committee recommendations. *Pediatrics, 102,* 1-11.

Bell, S. K., & Morgan, S. B. (2000). Children's attitudes and behavioral intentions toward a peer presented as obese: Does a medical explanation for the obesity make a difference? *Journal of Pediatric Psychology, 25,* 137-145.

Braet, C., & Bettens, C. (1998). Overweight in childhood: A risk factor for the development of eating disorders in adolescence? Unpublished raw data.

Brownell, K. D., Kelman, J. H., & Stunkard, A. J. (1983). Treatment of obese children with and without their mothers: Changes in weight and blood pressure. *Pediatrics, 71,* 515–523.

Brownell, K. D., & Wadden, T. A. (1991). The heterogeneity of obesity: Fitting treatments to individuals. *Behavior Therapy, 22,* 153–177.

Chinn, S., & Rona, R. J. (2001). Prevalaence and trends in overweight and obesity in three cross sectional studies of British children, 1974–1994. *British Medical Journal, 322,* 24–26.

Chunming, C. (2000). Fat intake and nutritional status of children in China. *American Journal of Clinical Nutrition, 72,* 1368S–1372S.

Cooper, Z., & Fairburn, C. G. (2002). Cognitive–behavioral treatment of obesity. In T. A. Wadden & A. J. Stunkard (Eds.), *Handbook of obesity treatment* (pp. 465–479). New York: Guilford.

Cooper, Z., Fairburn, C. G., & Hawker, D. M. (2004). *Cognitive–Behavioral Treatment of Obesity.* New York: Guilford.

Dietz, W. H. (1994). Critical periods in childhood for the development of obesity. *American Journal of Clinical Nutirition, 59,* 955–959.

Dietz, W. H. (1995). Childhood obesity: Prevalence and effects. In Eating disorders and obesity, eds. K. D. Brownell & C. G. Fairburn, 438–440. New York: Guilford Press.

Doswell, W. M., Millor, G. K., Thompson, H., & Braxter, B. (1998). Self–image and self–esteem in African–American preteen girls: Implications for mental health. *Issues in Mental Health Nursing, 19,* 71–94.

Epstein, L. H., Coleman, K. J., & Myers, M. D. (1996). Exercise in treating obesity in children and adolescents. *Medicaine and Science in Sports and Exercise, 28,* 428–435.

Epstein, L. H., Klein, K. R., & Wisniewski, L. (1994). Child and parent factors that influence psychological problems in obese children. *International Journal of Eating Disorders, 15,* 151–158.

Epstein, L. H., McKenzie, S. J., Valoski, A. M., Klein, K. R., & Wing, R. R. (1994). Effects of mastery criteria and contingent reinforcement for family –based child weight control. *Addictive Behaviors, 19,* 135–145.

Epstein, L. H., Saelens B. E., & Giancola O'Brien, J. (1995). Effects on reinforcing increases in active behavior versus decreases in sedentary behavior for obese children. *International Journal of Behavioral Medicine, 2,* 41–50.

Epstein, L. H., & Squires, S. (1988). *The Stoplight Diet for Children: An Eight– week Program for Parents and Children.* Boston: Little, Brown.

Epstein, L. H., Valoski, A. M., Wing, R. R., & McCurley, J. J. (1994). Ten–year outcomes of behavioral family–based treatment of childhood obesity. *Health Psychology, 13,* 573–583.

Epstein, L. H., Wing, R. R., Koeske, R., Andrasik, F., & Ossip, D. J. (1981). Child and parent weight loss in family–based behavior modification programs. *Journal of Consulting and Clinical Psychology, 49,* 674–685.

Epstein, L. H., Wing, R. R., Koeske, R., Ossip D., & Bech, S. (1982). A comparison of lifestyle change and programmed exercise on weight and fitness changes in obese children. *Behavior Therapy, 13,* 651–665.

Epstein, L. H., Wing, R. R., Koeske, R., & Caloski, A. M. (1985). A comparison of lifestyle exercise, aerobic exercise and calisthenics on weight loss in obese children. *Behavior Therapy, 16,* 345–356.

Faith, M. S., Fontaine, K. R., Cheskin, L. R., & Allison, D. B. (2000). Behavioral approaches to the problems of obesity. *Behavior Modification, 24,* 459–493.

Faith, M. S., Petrobelli, A., Allison, D. B., & Heymsfield, S. B. (1997). Prevention of pediatric obesity: Examining the issues and forecasting research directions. In *Preventive Nutrition: The Comprehensive Guide for Health Professionals* (1st ed.), eds. A. Bendich and R. J. Deckelbaum, 471–486. Totowa, NJ: Humana Press.

Faith, M. S., Saelens, B. E., Wilfley, D. E., & Allison, D. B. (2001). Behavioral treatment of childhood and adolescent obesity: Current status, challenges, and future directions. *In Body Image, Eating Disorders, and Obesity in*

Children and Adolescents: Theory, Assessment, Treatment, and Prevention, eds. J. K. Thompson and L. Smolak, 313–340. Washington, DC: American Psychological Association.

Foster, G. D., Wadden, T. A., & Vogt, R. A. (1997). Resting energy expenditure in obese African American and Caucatian women. *Obesity Research, 5,* 1–8.

Friedman, M. A., Wilfley, D. E., Pike, K. M., Striegel–Moore, R. H., & Rodin, J. (1995). The relationship between weight and psychological functioning among adolescent girls. *Obesity Research, 3,* 57–62.

Garn, S. M., & Clark, D. C. (1976). Trends in fatness and the origins of obesity. *Pediatrics, 57,* 443–456.

Goldfield, A., & Chrisler, J. C. (1995). Body stereotyping and stigmatization of obese persons by first graders. *Perceptual & Motor Skills, 81,* 909–910.

Goldfield, G. S., Raynor, H. A., & Epstein, L. H. (2002). Treatment of pediatric obesity. *In Handbook of Obesity Treatment,* eds. A. J. Stunkard and T. Wadden, 532–555. New York: Guildford Press.

Gortmaker, S. L., Must, A., Perrin, J. M., Sobol, A. M., & Dietz, W. H. (1993). Social and economic consequences of overweight in adolescence and young adulthood. *The New England Journal of Medicine, 329,* 1008–1012.

Haddock, K. C., Shadish, W. R., Klesges, R. C., & Stein, R. J. (1994). Treatments for childhood and adolescent obesity. *Annals of Behavioral Medicine, 16,* 235–244.

Hayden, H. A., Stein, R. I., Zabinski, M. F., Saelens, B. E., Dounchis, J. Z., & Wilfley, D. E. (1999). Effects of teasing experiences among obese children versus normal–weight peers. Fourth London International Conference on Eating Disorders, London, England.

Israel, A. C., Guile, C. A., Baker, J. E., & Silverman, W. K. (1994). An evaluation of enhanced self–regulation training in the treatment of childhood obesity. *Journal of Pediatric Psychology, 19,* 737–749.

Kayman, S., Bruvold, W., & Stern, J. S. (1990). Maintenance and relapse after weight loss in women: Behavioral aspects. *American Journal of Clinical*

Nutrition, 52, 800-807.

Kinston, W., Loader, P., & Miller, L. (1987). Emotional health of families and their members where a child is obese. Journal of Psychosomatic Research, 31, 583-599.

Kirschenbaum, D. S., Harris, E. S., & Tomarken, A. J. (1984). Effects of parental involvement in behavioral weight loss therapy for preadolescents. Behavior Therapy, 15, 485-500.

Latner, J. D., Stunkard, A. J., Wilson, G. T., Jackson, M. L., Zelitch, D. S., & Labouvie, E. (2002). Effective long-term treatment of obesity: A counseling care model. International Journal of Obesity and Related Metabolic Disorder, 24, 893-898.

Lissau, I., & Sorensen, T. I. (1994). Parental neglect during childhood and increased risk of obesity in young adulthood. Lancet, 343, 324-327.

Mendelson, B. K., White, D. R., & Schliecher, E. (1995). Adolescents' weight, sex, and family functioning. International Journal of Eating Disorders, 17, 73-79.

Muller, M. J., Koertringer, I., Mast, M., Langguix, K., & Frunch, A. (1999). Physical activity and diet in 7-to 11-year-old children. Public Health Nutrition, 2, 443-444.

Mo-suwan, L., Pongprapai, S., Junjana, C., & Puepaiboon, A. (1998). Effect of a controlled trial of a school-based exercise program on the obesity index of preschool children. America Journal of Clinic Nutrition, 68(5), 1006-1011.

Neumark-Sztainer, D., Story, M., French, S. A., & Rensnick, M. D. (1997). Psychosocial correlates of health compromising behaviors among adolescents. Health Education Research, 12, 37-52.

Osganian, S. K., Nicklas, T., Stone, E., Nichaman, M., Ebzery, M. K., Lytle, L., & Naer, P. R. (1995). Perspectives on the School Nutrition Dietary Assessment Study from the Child and Adolescent Trial for Cardiovascular Health. American Journal of Clinical Nutrition, 61(Suppl. 1), 241S-244S.

Parcel, G. S., Green, L. W., & Beetes, B. A. (1988). School-based programs to prevent or reduce obesity. *In Childhood Obesity: A Biobehavioural Perspective,* eds. N. A. Krasnegor, G. D. Grave, and N. Kretchmer, 143–157. Caldwell, NJ: Jedfor Press.

Perri, M., G., & Corsica, J. A. (2002). Improving the maintenance of weight lost in behavioral treatment of obesity. In T. A. Wadden & A. J. Stunkard (Eds.), *Handbook of Obesity Treatment* (pp. 357–379). New York: Guilford.

Phillips, R. G., & Hill, A. (1997). Friendless, fat, and dieting: Peer popularity and weight control in 9–year–old girls. Third London International Conference on Eating Disorders, London, England.

Resnicow, K. (1993). School–based obesity prevention: Population versus high –risk interventions. *In Prevention and Treatment of Childhood Obesity,* eds. C. L. Williams & S. Y. S. Kimm (pp. 154–166). New York: New York Academy of Sciences.

Rieves, L., & Cash, T. F. (1996). Social developmental factors and women's body image attitudes. *Journal of Social Behavior and Personality, 11,* 63–78.

Robinson, T. N., & Killen, J. D. (1995). Ethnic and gender differences in the relationships between television viewing and obesity, physical activity, and disetary fat intake. *Journal of Health Education, 26*(Suppl. 2), S94–S98.

Robinson, T. N., & Killen, J. D. (2001). Obesity prevention for children and adolescents. *In Body Image, Eating Disorders, and Obesity in Children and Adolescents: Theory, Assessment, Treatment, and Prevention,* eds. J. K. Thompson and L. Smolak, 261–292. Washington, DC: American Psychological Association.

Rosner, B., Prineas, R., Loggie, J., & Daniels, S. R. (1998). Percentiles for body mass index in U. S. children 5 to 7 years of age. *Journal of Pediatrics, 132,* 211–222.

Rosen, J. C. (2002). Obesity and body image. In C. G. Fairburn & K. D. Brownell (Eds.), *Eating Disorder and Obesity: A Comprehensive Handbook* (2nd ed., pp. 399–402). New York: Guilford.

Rosen, J. C., Orasan, P., & Reiter, J. (1995). Cognitive behavior therapy for negative body image in obese women. *Behavior Therapy, 26,* 25-42.

Saelens, B. E., & Epstein, L. H. (1998). Behavioral engineering of activity choice in obese children. *International Journal of Obesity and Related Metabolic Disorders, 22,* 275-277.

Seffrin, J. (1992). Why school health education? *In Principles and Practices of Student Health,* eds. H. M. Wallace, K. Patrick, G. Parcel, and J. B. Igbe, 393-422. Oakland: Third Party Publishing.

Serdula, M. K., Ivery, D., Coates, R. J., Freedman, D. S., Williamson, D. F., & Byers, T. (1993). Do obese children become obese adults? A review of the literature. *Preventive Medicine, 22,* 167-177.

Shapiro, J. P., Baumeister, R. F., & Kessler, J. W. (1991). A three-component model of children's teasing: Aggression, humor, and ambiguity. *Journal of Social and Clinical Psychology, 10,* 459-472.

Sothern, M. S., Hunter, S., Suskind, R. M., Brown, R., & Udall, J. (1999). Motivation the obese child to move: the role of structure exercise in pediatric weight management. *South Medicine Journal, 92*(6), 577-584.

Staffieri, J. R. (1967). A study of social stereotype of body image in children. *Journal of Personality and Social Psychology, 7,* 101-104.

Story, M. (1999). School-based approaches for preventing and treating obesity. *International Journal of Obesity, 23*(Suppl. 2), S43-S51.

Striegel-Moore, R. H., Schreiber, G. B., Pike, K. M., Wilfley, D. E., & Rodin, J. (1995). Drive for thinness in black and white preadolescent girls. *International Journal of Eating Disorders, 18,* 59-69.

Striegel-Moore, R. H., Tucker, N., & Hsu, J. (1990). Body image dissatisfaction and disordered eating in lesbian college students. *International Journal of Eating Disorders, 9,* 493-500.

Stunkard, A. J., Harris, J. R., Pedersen, N. L., & McClean, G. E. (1990). The body-mass index of twins who have been reared apart. *New England Journal of Medicine, 21,* 1483-1487.

Teasdale, J. D. (1997). The relationship between cognition and emotions: The mind-in-place in mood disorders. In D. M. Clark & C. G. Fairburn (Eds.), *Science and Practice of Cognitive Behavioral Therapy* (pp. 67-93). Oxford University Press.

Thompson, J. K., Coovert, M. D., Richards, K. J., & Johnson, S. (1995). Development of body image, eating disturbance, and general psychological functioning in female adolescents: Covariance structure modeling and longitudinal investigations. *International Journal of Eating Disorders, 18,* 221-236.

Troiano, R. P., & Flega, K. M. (1998). Overweight children and adolescents: Description, epidemiology, and demographics. *Pediatrics, 101,* 497-504.

Troiano, R. P., Flega, K. M., Kuczmarski, R. J., Campbell, S. M., & Johnason, C. L. (1995). Overweight prevalence and trends for children and adolescents. *Archives of Pediatric Adolescent Medicine, 149,* 1085-1091.

U.S. Department of Health and Human Services. (1996). Physical activity and health: A report of the surgeon general. Atlanta, GA: U. S. Department of Health and Human Services, Centers for Disease Control and Prevention, National Center for Chronic Disease Prevention and Health Promotion.

Williams, J. D., Achterberg, C., & Sylvester, G. P. (1993). Target marketing of food products to ethnic minority youth. *In Prevention and Treatment of Childhood Obesity,* eds. C. L. Williams and S. Y. Kimm, 107-114. New York: New York Academy of Sciences.

Wilson, G. T. (1994). Behavioral treatment of obesity: Thirty years and counting. *Advances in Behaviour Research & Therapy, 16,* 31-75.

World Health Organization. (1998). *Obesity: Preventing and Managing the Global Epidemic* (Publication No. xv-276). Geneva: World Health Organization.

Yanovski, S. Z., Reynolds, J. C., Boyle, A. J., & Yanovski, J. A. (1997). Resting metabolic rate in African-American and Caucasian girls. *Obesity Research, 5,* 321-525.

찾아보기

| 저자 소개 |

▦ 이승범

　연세대학교 일반대학원(사회체육학박사)
　한국초등체육학회 총무이사, 한국웰니스학회 사업이사
　대한체력관리학회 자격검정이사
　현 경인교육대학교 체육교육과 교수

　〈주요 저서〉
　웰니스를 위한 맞춤운동(공저, 라이프 사이언스, 2006)
　운동생리학의 기초(2판, 공저, 라이프 사이언스, 2006)

▦ 유생열

　미국 Springfield College 운동심리학전공(체육학박사)
　한국스포츠심리학회 총무이사, 한국코칭능력개발원 부원장
　현 경인교육대학교 체육교육과 교수

　〈주요 저서〉
　스포츠 심리학(공저, 태근문화사, 1998)
　스포츠 심리학 핸드북(공저, 무지개사, 2005)

경인교육대학교 특성화사업단
C-멘토링 총서 5

누구나 알기 쉬운
아동 비만 관리 및 예방법

2010년 1월 7일 1판 1쇄 인쇄
2010년 1월 12일 1판 1쇄 발행

지은이 • 이승범 · 유생열
펴낸이 • 김진환
펴낸곳 • (주) **학 지사**

　　　　　121-837 서울특별시 마포구 서교동 352-29 마인드월드빌딩 5층
대표전화 • 02)330-5114　　　　팩스 • 02)324-2345
등록번호 • 제313-2006-000265호

홈페이지 • http://www.hakjisa.co.kr
커뮤니티 • http://cafe.naver.com/hakjisa

ISBN 978-89-6330-105-1 94370
　　　 978-89-6330-100-6 (set)

정가 12,000원